I0674621

L'ÉCOLE DE DROIT DE MONTPELLIER

4°F
S¹

(Extrait des Mémoires de l'Académie des Sciences et Lettres de Montpellier.)

Section des Lettres.

Communiqué à l'Académie des Inscriptions et Belles-Lettres, en septembre 1876.

ÉTUDE HISTORIQUE

SUR

L'ÉCOLE DE DROIT

DE MONTPELLIER

1160—1793

D'APRÈS LES DOCUMENTS ORIGINAUX, AVEC PIÈCES JUSTIFICATIVES

PAR

A. GERMAIN

MEMBRE DE L'INSTITUT

PROFESSEUR D'HISTOIRE ET DOYEN DE LA FACULTÉ DES LETTRES DE MONTPELLIER

MONTPELLIER

BOEHM & FILS, IMPRIMEURS DE L'ACADÉMIE

Rue d'Alger, 10

———

1877

L'ÉCOLE DE DROIT DE MONTPELLIER.

1160-1793.

———⟞⟨●⟩⟞———

Si la ville de Montpellier peut se glorifier d'avoir une des plus anciennes et des plus illustres Écoles de médecine, elle peut aussi, avec non moins d'orgueil, se prévaloir de l'antiquité et de la célébrité de son École de droit. L'origine de cette dernière remonte au milieu du xii° siècle. — C'est à son histoire que je vais consacrer cette Étude.

I.

Le xii° siècle a été, personne ne l'ignore, un temps de rénovation pour le droit romain. Irnerius venait de lui rendre un organe dans l'Université de Bologne ; et cette Université était devenue, grâce aux circonstances, le centre d'un mouvement intellectuel d'autant plus fort, qu'il trouvait un stimulant quotidien dans la lutte des empereurs d'Allemagne avec les républiques lombardes. Ce fut à l'École de Bologne, et dans les traditions encore vivantes d'Irnerius, que se forma Placentin ; et ce fut ce même Placentin qui dota Montpellier d'un enseignement juridique. Montpellier, à ce titre, dérive directement de Bologne, et peut revendiquer l'honneur d'avoir ouvert un des premiers asiles au droit romain : glorieuse initiative qui ne contribue pas moins à l'éloge de l'héroïque cité, que celle qu'elle a su prendre dans le mouvement médical européen.

On a longtemps répété, sur la foi de Claude Serres et de Charles De Grefeuille, que Placentin était originaire de Montpellier ; et les savants auteurs

1

de l'*Histoire littéraire de la France* ne se sont pas fait faute de reproduire cette assertion. Il y a là excès de patriotisme. Placentin nous apprend lui-même, dans un de ses ouvrages, qu'il était de Plaisance[1]. La Lombardie l'avait vu naître ; il professa même d'abord à Mantoue et à Bologne, et il ne vint ensuite en France que pour se soustraire aux menaces et aux outrages de collègues jaloux.

Pourquoi, parmi tant de villes alors célèbres, choisit-il de préférence Montpellier ? Fut-ce par le désir bien naturel de s'éloigner le moins possible du climat natal ? Fut-ce par sympathie pour quelques étudiants montpelliérains, ses anciens disciples au-delà des Alpes, ou par l'espoir tout à fait légitime de rencontrer des protecteurs éclairés dans les Guillems, seigneurs de cette ville ? Ce qu'il y a de certain, c'est qu'il commença à enseigner à Montpellier vers 1160. Il y enseigna longtemps, à deux reprises ; et non-seulement il y enseigna, mais il y écrivit des livres de jurisprudence estimés, la *Somme du Code*, et la *Somme des Institutes*, entre autres. La bonne ville, reconnaissante, lui décerna, quand il mourut, l'honneur insigne d'une mention spéciale sur ses registres publics[2]. Elle fit plus : le 12 février, anniversaire de sa mort, devint un jour férié dans notre Université de droit, qui adopta pour patronne la sainte de ce jour-là, sainte Eulalie. Il n'y eut pas jusqu'à la masse du bedeau de cette Université qui ne fût ornée de l'effigie de Placentin. Lorsque sous Louis XIV on transféra l'École de droit de Montpellier au Collège de la Chapelle-Neuve, le portail de cet édifice eut encore pour mission de continuer la gloire de Placentin. On y lisait, et on y

---

[1] « Civitas Placentia, unde mihi origo est, nomenque accepi.... » *Summa Codicis*, lib. VI, tit. 48. *De Senatusconsulto Trebelliano.* — Son nom de famille n'est pas connu. Sigonius l'appelle *Guillaume*, Heineccius *Otto*, De Grefeuille *Pierre*, l'*Histoire littéraire de la France*, *Jean*. Aucune de ces appellations n'est certaine.

[2] « En l'an MCLXXXXII, a XII jorns de febrier, anet a Dieu M. Placentin, loqual fo lo primier doctor que jamays legi en Montpellier; e fo sebelit en lo cimeteri de Sant-Bertholmieu, pres de la capela de Sant-Cleophas de part de foras. » *Petit Thalamus de Montpellier*, Chronique romane. — Voici l'inscription qu'on sculpta sur son tombeau :

PETRA PLACENTINI CORPVS TENET HIC TVMVLATVM,
SED PETRA' QVÆ EST CHRISTVS' ANIMAM TENET IN PARADISO.
IN FESTO EVLALIÆ VIR NOBILIS TOLLITVR ISTE,
ANNO MILLENO DVCENTENO MINVS OCTO.

lut jusqu'en 1795, époque de la suppression de nos anciennes Universités, cette inscription touchante, quoique un peu prétentieuse peut-être alors : *Aula Placentinea.*

Magnifique privilége du talent ! Le très-haut et très-puissant seigneur Guillem VIII voulut, dit-on, honorer de sa présence les funérailles de Placentin; et pas un docteur, durant bien des siècles, ne passa par Montpellier sans visiter pieusement son tombeau.

Montpellier avait lieu d'être fier de pareilles dépouilles : Placentin l'avait doté de la première École de droit qu'il y ait eu en France[1].

Le développement de cette École fit honneur à Placentin. Là enseignèrent Guillaume de Nogaret, si connu par son opposition à Boniface VIII ; Pierre Bertrand, depuis évêque d'Autun et cardinal; Dominique Serano, plus tard général de l'ordre de la Merci ; Pierre Jacobi, auteur d'une *Pratique* de jurisprudence jadis en vogue ; Jean Faber, le célèbre commentateur des *Instituțes* ; Jacques Rebuffi, gratifié de la faveur de Charles VI, et décoré, à la suite de trente ans de professorat, du titre glorieux de *Comte du droit* ; Guillaume Grimoard, devenu postérieurement Urbain V; Pierre de Luna, le Benoît XIII des anti-papes. Ce fut là enfin, pour abréger cette nomenclature, qu'étudia Pétrarque[2]. On accourait de toutes les parties de l'Europe

---

[1] Voy. De Savigny, *Histoire du droit romain au moyen âge*, IV, 56. — Voy. aussi la Notice de Junius Castelnau *Sur la vie et les ouvrages de Placentin*, dans le tom. Ier des *Mémoires de la Société archéologique de Montpellier*, pag. 471-515.

[2] Avant d'aller étudier à Bologne, comme il le dit lui-même dans le fragment *De origine et vita sua*, en ces termes : « Ad Montempessulanum, legum ad studium, profectus, quadrien-
» nium ibi alterum; inde Bononiam, et ibi triennium expendi, et totum juris civilis corpus audi-
» vi, » — « Domo puer egressus mea, — dit-il encore dans son livre *De sui ipsius et multorum ignorantia*, — nec vel senex rediens, totum penè tempus in studiis trivi, ... neque viros lan-
» tum, sed et urbes doctas adii, ut doctior inde meliorque reverterer; Montempessulanum primo,
» quod per annos pueritiæ propinquior essem illi loco, mox Bononiam, post Tholosam et Pari-
» sios, Pataviumque et Neapolim, ubi studia tunc florebant ». *Fr. Petrarch. opera*, Bâle, 1554, pag. 1041. — « Vicinâ jam pubertate, — ajoute-t-il ailleurs, — ad Montempessulanum, floren-
» tissimum tunc oppidum, jurisque ad studium delati, aliud ibi quadriennium exegimus; cujus
» tunc potestas penes majoris Balearicæ regem erat, exiguum præter loci augulum Francorum
» regi subditum, qui, ut semper præpotentium importuna vicinia est, brevi totius oppidi domi-
» nium ad se traxit. Quænam vero tunc ibi quoque tranquillitas! Quæ pax! Quæ divitiæ merca-
» torum! Quæ scholarium turba! Quæ copia magistrorum ! » *Rer. senil.*, lib. X, epist. 2, ibid., 868.

à l'École de droit de Montpellier. Trois membres de l'illustre maison de La Marck, une des plus considérables de la Flandre, vinrent de Liège, en 1350, s'y faire initier à la science des lois. Le cardinal Bérenger de Fredol, l'un des compilateurs du *Sexte* des Décrétales, y passa également une partie de sa jeunesse.

Le moyen âge a donc été pour l'École de droit de Montpellier une grande époque. Du milieu du xiiᵉ siècle au milieu du xivᵉ, où les malheurs issus de l'invasion anglaise ont eu pour effet d'en amoindrir la prospérité, on ne peut en suivre les succès sans éprouver une sorte de sentiment d'admiration. Non-seulement notre École entendit, à son origine, Placentin lui révéler les secrets de la jurisprudence romaine, mais elle vit bientôt après un autre professeur de Bologne, non moins fameux, Azo, « la lumière des jurisconsultes », et « la source des lois », comme on le surnommait alors, enseigner également dans une de ses chaires le droit romain. La renommée de ce célèbre légiste aurait même, d'après la tradition, porté les étudiants à quitter Bologne pour affluer à Montpellier; et l'Italie aurait été contrainte de le redemander, afin de repeupler ses Écoles devenues désertes.

On peut, avec Sarti[1] et de Savigny[2], contester la rigoureuse exactitude de cette assertion : mais, vraie ou fausse, elle n'en témoigne pas moins de la grande importance qu'avait, à la fin du xiiᵉ siècle, l'École montpelliéraine de Placentin.

Si Placentin et Azo ont été les premiers fondateurs de l'École de droit de Montpellier, saint Louis en a été, on peut dire, le premier législateur. Il autorisa, en 1230, l'évêque de Maguelone à recevoir le serment de tous ceux qui prendraient à Montpellier la licence et le doctorat, soit en droit canon, soit en droit civil[3]. — Remarquons ceci : il en résulte qu'en 1230 on ensei-

---

[1] Histoire des Professeurs célèbres de l'ancienne Université de Bologne (*De claris Archigymnasii Bononiensis professoribus, a sæculo XI usque ad sæculum XIV.* Bononiæ, 1769 et 1774).

[2] *Histoire du droit romain au moyen âge.*

[3] « Eidem episcopo (Magalonensi) et successoribus suis... tenore præsentium concedimus » potestatem... recipiendi juramentum a licentiandis et doctorandis in facultate canonica seu » civili in studio villæ Montispessulani, sub hac forma : Juro quod ero obediens et fidelis domino » Magalonensi episcopo, ejusque successoribus canonice substitutis, et quod eidem episcopo

gnait à la fois à Montpellier le droit civil et le droit canon; privilége dont ne jouissait qu'éventuellement l'Université de Paris, où l'on ne professa longtemps, en général, que le droit canon, et où l'enseignement public du droit civil ne devint officiel qu'à partir de 1679[1].

L'École de droit de Montpellier était donc plus complète que celle de Paris : car l'étude du droit civil s'y associa toujours à celle du droit canon, et, dès 1230 on pouvait s'y faire recevoir licencié et docteur dans l'un et l'autre droit.

On pouvait, — je répète le mot à dessein. Sans prendre, en effet, à la lettre ce qu'enregistre la Chronique du *Petit Thalamus*, à la date de 1293 : *»Aquest an, a xxvIII d'abril, fo fach lo primier doctor a Montpellier, »apelat M. Guilhem de Sant Amans, par M. R. Frezol, doctor en leys»,* — paroles qui pourraient bien ne pas avoir un sens absolu, mais devoir s'entendre uniquement de la collation du doctorat dans notre Faculté de droit d'après le mode prescrit par la bulle de Nicolas IV du 26 octobre 1289, — il paraîtrait qu'en 1268 on n'avait encore épiscopalement conféré à Montpellier ni la licence, ni, par conséquent, le doctorat en droit civil. *«Constat Magalonensem episcopum,* — écrivait, le 26 mai de cette année-là, le pape Clément IV au roi d'Aragon Jayme 1er, alors seigneur de Montpellier, — *a longissimis retro temporibus dedisse licentiam in aliis facultatibus, consueta forma servata ; et, si dare non consuevit in ista* (juris civilis facultate), *quia nec etiam petebatur, nec petendi erat occasio, ubi nec studentium nec discentium numerus exigebat, quod in aliis servatum et in ista videtur servandum[2]».* — Mais ce texte, loin de se trouver en désaccord avec mon interprétation, lui vient au contraire en aide ; car, tout en niant

---

» ejusque Ecclesiæ dabo fidele consilium requisitus, et quod contra eumdem ejusque Ecclesiam » non me scienter opponam, etc. » (Charte de saint Louis, du mois de juin 1230, ap. *Hist. gén. de Lang.*, III, 350.)

[1] Voy. Laurière, *Ordonn. des rois de France*, I, 497, note B, et ibid. 501; et Jourdain, *Hist. de l'Univers. de Paris*, I, 248, et II, 107. Cf. Thurot, *De l'organisation de l'enseignement dans l'Université de Paris au moyen âge*, pag. 165-183 ; *Histoire littéraire de la France*, XVI, 83, et De Savigny, *Hist. du droit rom. au moyen âge*, III, 264 de la traduct. française de Guenoux. — A Orléans, on n'étudiait guère, à l'inverse, que le droit civil.

[2] Martène et Durand, *Thes. nov. anecdot.*, II, 603. Cf. Astruc, *Mém. pour servir à l'hist. de la Fac. de Méd. de Montp.*, pag. 42.

que le fait se soit encore produit, il en consacre d'une manière expresse la possibilité.

A Montpellier donc, comme à Paris et comme partout ailleurs dans ce temps-là, c'était sous les auspices de l'autorité ecclésiastique que se conféraient les grades. L'autorité ecclésiastique y était l'autorité enseignante. A défaut de la charte de saint Louis déjà mentionnée, des faits nombreux le prouveraient. En 1268, par exemple, Jayme Ier s'avise, en sa qualité de seigneur de Montpellier, de nommer un professeur de droit civil, sans le concours de l'évêque de Maguelone. L'évêque, se croyant lésé, excommunie aussitôt le professeur et quiconque suivra ses leçons. Jayme en porte plainte au pape ; et Clément IV lui répond en lui citant un canon synodal d'Eugène III, qui investit les évêques du privilège d'instituer les docteurs dans leurs chaires. Vainement le seigneur de Montpellier objecte que l'évêque de Maguelone, si jaloux d'user de sa prérogative à l'égard des autres Facultés, ne l'a pas encore revendiquée pour celle de droit. Clément IV donne gain de cause au principe sur l'usage, et ajoute, afin d'éviter tout malentendu, avoir lui-même conféré naguère la licence à Montpellier, à la Salle-l'Évêque, par ordre exprès de son prédécesseur Urbain IV[1].

Nous voyons le même principe proclamé, quelque temps après, par un légat d'Honorius IV, le cardinal Jean de Sainte-Cécile, dans une lettre du 20 octobre 1285, adressée à l'évêque de Maguelone Bérenger de Fredol[2]. Nous le trouvons également consacré dans la bulle de Nicolas IV du 26 octobre 1289, relative à la constitution de l'Université de Montpellier[3].

Car le Saint-Siège comprit alors la nécessité de relier par un lien commun les diverses Écoles de cette ville, — celles de droit, de médecine et des arts, — et afin d'avoir sur elles plus d'action, en même temps que pour améliorer

---

[1] « Quum minori officio fungeremur, de felicis memoriæ Urbani papæ, prædecessoris nostri » speciali mandato, in Aula ejusdem episcopi (Magalonensis) doctorum et scholarium multitudine » convocata, nos et dedimus licentiam, et librum tradidimus ; solita solemnitate servata » Clement, pap. epist., ap. Martène et Durand, *Thes. nov. anecdot.*, II, 603. Cf. Astruc, ut » supra. »

[2] J'ai publié cette lettre au début des Pièces justificatives du tome III de mon *Histoire de la Commune de Montpellier.*

[3] Voy. *Hist. de la Comm. de Montp.*, III, 452. Cf. pag. 136.

leur régime intérieur et mieux contribuer à leur développement respectif, il les groupa en association, en *studium generale*. Telle fut l'œuvre que réalisa Nicolas IV, par sa bulle du 26 octobre 1289.

II.

Cette bulle résume tout ce qu'on peut dire sur le rôle de l'autorité ecclésiastique vis-à-vis des Écoles montpelliéraines, et nous fournit du même coup une sorte de statistique de l'enseignement public à Montpellier, à la fin du XIIIᵉ siècle. La Faculté de droit y apparaît en tête, avec ses deux branches du droit canon et du droit civil, à la suite desquelles figurent la Faculté de médecine et la Faculté des arts. Il n'y est question ni de la théologie ni des sciences proprement dites. La théologie n'était à Montpellier, en 1289, enseignée que dans les couvents, et les sciences n'y formaient encore, comme partout ailleurs, qu'une dépendance de la médecine et des arts, — les Facultés des arts continuant d'embrasser l'ancien *trivium* et l'ancien *quadrivium*.

Cela explique pourquoi la bulle de Nicolas IV du 26 octobre 1289 mentionne seulement nos trois Facultés de droit, de médecine et des arts, classées selon cet ordre d'énumération, qui doit avoir été l'ordre officiel. C'est une bulle organique qui a eu pour objet de constituer les Écoles de Montpellier en Université, sous la main de l'Église. Elle laisse, du reste, à chaque Faculté, à part ce but fondamental, le soin de pourvoir à ses besoins propres, et de se régir elle-même, selon ses statuts particuliers, sauf à en référer au pouvoir ecclésiastique, représenté par l'évêque diocésain. Ce n'est pas une œuvre de détails, mais une œuvre d'ensemble, destinée à relier les trois Écoles par une idée générale de suprême direction.

Notre École de droit, ainsi en possession du baptême pontifical, se partagea moins timidement les faveurs des princes et des rois, et se trouva surtout en mesure de s'occuper plus efficacement de sa constitution intérieure. Tel fut l'objet des Statuts que lui donna, en 1339, le cardinal Bertrand de Deaux.

C'était un cardinal aussi qui s'était fait, en 1220, le législateur de notre

École de médecine, — le cardinal Conrad, légat du pape Honorius III[1]; et c'était l'évêque de Maguelone, Jean de Montlaur II, qui à son tour avait dressé, en 1242, les règlements de notre Faculté des arts[2]. Le clergé, primant alors par la science, comme par son rôle social, régnait en souverain sur les Écoles; et les Statuts de 1339 que je viens d'indiquer ne sont qu'une des mille formes de son action.

Une lutte très-vive venait, à ce moment, de s'engager entre l'évêque de Maguelone et le recteur de l'Université de droit de Montpellier. Celui-ci ayant publié, sans la participation du prélat, des règlements attentatoires à la prérogative épiscopale, et ayant différé de lui prêter le serment d'usage, Pictavin de Montesquiou, au nom de son autorité méconnue, avait eu recours à une sentence d'excommunication, et en avait ensuite référé à la cour pontificale d'Avignon. Benoît XII, forcé d'intervenir, avait naturellement, comme son prédécesseur Clément IV, pris parti pour l'évêque, et il avait chargé le cardinal Bertrand de Deaux, du titre de Saint-Marc, alors archevêque d'Embrun, de terminer la querelle, de manière à prévenir désormais tout conflit.

C'était le négociateur qu'il fallait. Le cardinal Bertrand, originaire du petit village de Deaux, situé tout près de Vezenobre, au diocèse d'Uzès, paraissait, en sa qualité d'homme du pays jouissant de la confiance publique, essentiellement apte à arranger l'affaire. Jean XXII n'avait eu qu'à se louer de l'avoir employé comme légat, pour des missions difficiles auprès des comtes de Foix et d'Armagnac, du roi de Sicile, du doge de Venise, etc. Il joignait en outre à son incontestable talent de diplomate la réputation de littérateur, ainsi qu'en témoigne un poëme qu'il composa sur la Passion de Jésus-Christ. Personne ne convenait mieux pour traiter avec des savants : sa délégation fait honneur au tact de Benoît XII[3].

Le cardinal Bertrand de Deaux se rendit sur les lieux; et, bien que Pictavin de Montesquiou ait été durant l'intervalle transféré du siége de Maguelone à celui d'Albi, il ne laissa pas de remplir sa mission jusqu'au bout. Il fit

[1] Voy. mon *Hist. de la Comm. de Montp.*, III, 77 et 418.
[2] Voy. *Ibid.*, III, 149 et 449.
[3] Voy., relativement à cette délégation, la bulle pontificale insérée au *Cartulaire de Maguelone*, Reg. D, fol. 7, et publiée par Gariel, *Ser., præs. Magal.*, I, 470.

une enquête, se concerta avec les docteurs, et, après en avoir mûrement délibéré, dressa une charte en quarante-trois articles[1], qui, en sauvegardant le privilége de l'évêque, fixa les limites précises des diverses juridictions. Cette charte fut promulguée le 20 juillet 1559[2], et, conformément à ses dispositions, le vice-recteur de l'Université de droit, Étienne Martinenque, prêta serment au nouvel évêque de Maguelone, Arnaud de Verdale[3].

L'objet fondamental des Statuts de Bertrand de Deaux a donc été de mettre à l'abri de toute contestation l'autorité du pouvoir ecclésiastique sur notre École de droit ; et ce but a été pleinement atteint, comme il est aisé de s'en convaincre, en rapprochant du texte de ces Statuts toute la suite de l'histoire de cette École. — Mais, si les Statuts de 1359 ont eu, au moyen âge, ce résultat, ils ont pour nous aujourd'hui une bien autre portée. Dans cette charte organique, dressée en vertu d'une délégation expresse du pape par un cardinal, d'accord avec nos docteurs de Montpellier, se déroule le tableau le plus fidèle du régime intérieur de notre ancienne École de droit. On l'y voit vivre, agir, régulièrement fonctionner : elle s'y montre, pour ainsi dire, à nu, avec son système complet d'études, avec l'originalité native de ses cours et de ses grades, le cortége pittoresque de ses usages, et nombre de traits des plus curieux.

J'ajouterai que ces Statuts de 1359 ne sont pas un simple document d'histoire locale. Antérieurs de près d'un siècle à ceux de l'Université de Bologne[4], ils sont aussi le plus vieux monument où il soit permis de con-

---

[1] En quarante-trois articles dans le manuscrit du *Liber Rectorum*, et en trente-six articles seulement dans l'édition de Savigny. qui a cru devoir réunir sous un titre unique les huit derniers paragraphes.

[2] C'est par erreur de copiste que dans le *Liber Rectorum* elle porte la date du 20 juillet 1329. La lettre de Benoît XII qui délègue le cardinal Bertrand de Deaux pour réorganiser notre École de droit est datée du 7 mars 1339. Le copiste du *Liber Rectorum*, en voulant écrire MCCCXXXIX, aura, par une omission facile à s'expliquer avec l'usage des chiffres romains, écrit MCCCXXIX.

[3] Le procès-verbal de cette prestation de serment est couché tout au long sur le *Cartulaire de Maguelone*, Reg. B, fol. 62.

[4] L'Université de Bologne aura eu vraisemblablement ses Statuts spéciaux avant celle de Montpellier. Mais leur texte primitif est allé se perdre, en 1432, dans une nouvelle codification ; de sorte qu'il est bien difficile de distinguer ce qui, dans cette refonte générale, est vraiment ancien. Voy. De Savigny, *Histoire du droit romain au moyen âge*, III, 119.

2

templer l'intérieur d'une École, de droit, au moyen âge. Il n'y a, sous ce rapport, ni de source plus considérable, ni de trésor plus antique, et De Savigny a été tellement frappé de leur importance, qu'il les a jugés dignes d'occuper une place d'honneur dans son *Histoire du droit romain*.

Malheureusement, il les a publiés d'après une copie incorrecte, où le texte original était parfois défiguré, ce qui en rend une nouvelle édition aujourd'hui nécessaire. Je la donne parmi les Pièces justificatives de cette Étude, d'après la transcription primordiale du *Liber Rectorum*, scrupuleusement comparée avec les autres textes de même ordre, en y ajoutant les amendements postérieurs du cardinal Bertrand.

Le *Liber Rectorum* est, on le sait, un répertoire tout à fait précieux de bulles, de chartes et de délibérations ou de règlements concernant l'École de droit de Montpellier, et en résumant, pour ainsi dire, la vie. Il a été inauguré en 1453, sous le recteur Martin Textoris, comme l'indique une note à l'encre rouge[1] apposée au verso de son premier feuillet; et il est devenu, à partir de là, le registre-journal des divers recteurs de cette même École qui se sont succédé jusqu'à l'année 1523. Les Statuts de 1339 occupent le commencement du Registre ; de sorte que l'ensemble du manuscrit offre, par manière de tableau synoptique, le développement progressif, pendant près de deux siècles, de l'ancienne École de droit de Montpellier[2].

C'est là surtout que j'ai puisé les éléments de ma nouvelle édition des Statuts de cette École.

Ils sont, il va sans dire, rédigés en latin. Leur analyse va me fournir de quoi décrire l'organisme, tout à fait curieux à observer, de ce petit monde scolaire de canonistes et de juristes issu de la génération de Placentin, et continuant à Montpellier, en plein xive siècle, les traditions Bolonaises.

---

[1] Voici cette note; elle est historiquement et littérairement importante: « Ista Statuta feci » fieri venerabilis et discretus vir magister Martinus Textoris, rector qui erat tunc temporis » una cum suo venerabili consilio nostre alme Universitatis generalis studii Montispessulani » anno Domini millesimo quadringentesimo quinquagesimo tertio ».

[2] Voy., sur le *Liber Rectorum*, la note I de l'Appendice du 3e vol. de mon *Histoire de la Commune de Montpellier*, et la *Notice* antérieure de Junius Castelnau, dans le tome II des *Mémoires de la Société archéologique de Montpellier*, pag. 55-88.

III.

L'ensemble des Statuts de 1339 nous montre d'abord l'Université de droit de Montpellier administrée par un Recteur, annuellement élu, et entrant en fonctions le 2 février — fête de la Présentation de Jésus-Christ au Temple et de la Purification de la sainte Vierge ; — assisté de douze Conseillers, également annuels. Ce recteur était pris, à tour de rôle, parmi les trois nations qui composaient notre Université, c'est-à-dire parmi les Provençaux, les Bourguignons et les Catalans[1]. Il en était de même des conseillers, à l'exception de deux, dont l'un devait toujours être chanoine de Maguelone, et l'autre originaire de Montpellier[2]. Il fallait, — disent les Statuts, — qu'ils fussent tous clercs (recteur et conseillers), nés de mariage légitime, prévoyants, pacifiques et mûrs, et qu'ils se fissent remarquer par leur probité plutôt que par la noblesse du sang. Ils ne pouvaient être âgés de moins de vingt-cinq ans[3]. Leur élection était l'œuvre du recteur et des conseillers sortants, et avait lieu à la majorité relative, la voix du recteur décidant en cas de partage. Une fois arrêtée, on la proclamait au son de la cloche de l'Université, et ils prêtaient serment entre les mains de l'évêque.

Remarquons, en passant, la place qu'occupent dans cette organisation l'élection d'une part, et l'élément ecclésiastique de l'autre. Ce sont là les bases sur lesquelles repose le système administratif de notre École de droit. Ces

---

[1] On comprenait sous le nom de nation Catalane, d'après certain Statut émané du cardinal Bertrand de Deaux, à la date du 20 décembre 1355, non-seulement les étudiants de la Catalogne proprement dite, mais encore ceux du Roussillon et du royaume de Majorque : « Scolares de regno Majoricarum et comitatu Rossilionis, qui omnes saltem in dicto studio » (Montispessulani) Cathalani communiter appellantur. » *Lib. Rect.*, fol. 63.

[2] « Sunt etiam in eodem studio duodecim consiliarii clerici, ... quorum consiliariorum unus » de canonicis ecclesie Magalonensis, alius de villa Montispessulani, alii autem secundum na-» tiones et provincias nationum; prout observatum est hactenus, assumantur. » Statuts de 1339, cap. 20, ibid., fol. 13.

[3] « Rector autem semper clericus existat, et de legitimo matrimonio procreatus, et tam ipse » quam consiliarii, viri providi, pacifici et maturi, et in quibus magis splendeat animi probitas » quam generis nobilitas, assumantur ; qui etiam rector et consiliarii, clerici, ut premittitur, » existentes, etatis sue annum vicesimum quintum necessario debeant complevisse. » Statuts de 1339, ibid.

choses se tiennent, au fond : partout où l'élément ecclésiastique a eu, au moyen âge, la prépondérance, il a fait prédominer l'élection. L'Église, en humiliant les superbes, a eu pour principe d'exalter les humbles. La constitution de notre École de droit rappelle, à cet égard, celle de l'Église. De même que dans l'Église les chefs des puissantes congrégations monastiques furent souvent, à l'instar du pape et des cardinaux, choisis entre les simples frères, sans le moindre souci des positions sociales ; dans l'Université de droit de Montpellier, chaque sujet, si petit qu'il fût par le rang, gradué ou non gradué, était en voie de parvenir aux fonctions de recteur et de conseiller. L'élection seule décidait de l'aptitude ; et le plus modeste étudiant, — les conditions préliminaires indispensables une fois remplies, — pouvait, si la majorité des suffrages se réunissait sur lui, être promu à la dignité suprême[1] : et alors, aux termes des Statuts de 1339, il avait le pas, dans les cérémonies publiques et dans les actes scolaires, non-seulement sur les autres étudiants, la veille encore ses égaux, mais jusque sur les docteurs les mieux accrédités[2], sur le chef même de ces derniers, qu'on désignait par le titre de Prieur ou de premier des docteurs (*Prior doctorum*). Il y a plus : le recteur devait toujours être élu en dehors de la catégorie des docteurs ; et s'il lui arrivait, durant ses fonctions, de se faire recevoir lui-même docteur, il encourait immédiatement *ipso facto* la déchéance de son titre, et il y avait lieu de lui donner un remplaçant[3].

---

[1] Si les Statuts du 20 juillet 1339 laissaient subsister là-dessus quelque doute, il serait dissipé par le Statut du 20 décembre 1355 déjà mentionné, où le cardinal Bertrand de Deaux, interprétant lui-même ses premiers règlements, s'exprime ainsi : « Tenore presentium declaramus nostre intentionis fuisse et esse, ac etiam ordinamus, quod scolares de regno Aragonie, Valentie ac Majoricarum, ac de Cathalonia et comitatibus Rossilionis et Ceritanie, nec non de aliis terris quibuscumque ditioni illustris regis Majoricarum subjectis, ad consiliariatus officium, et ad ejusdem studii rectoriatus, et ad alios honores et prerogativas studii memorati, si sunt ydonei, eligi valeant et assumi. » *Lib. Rect.*, fol. 63. — Ajoutons, pour l'intelligence de ce Statut particulier, que les étudiants de la Catalogne proprement dite avaient entrepris de monopoliser à leur profit les priviléges affectés à l'ensemble de la nation catalane. Le cardinal y met ordre, par l'article que je viens de citer.

[2] « Rector in omni congregatione, omnibus etiam actibus scholasticis, debeat precedere doctores, baccalarios et scholares, cujuscumque gradus, conditionis vel status existant. » Statuts de 1339, cap. 21, ap. *Lib. Rect.*, fol. 14.

[3] Le recteur était si bien pris parmi les gradués inférieurs, qu'un autre règlement du car-

Il en était de même des conseillers; de sorte que le conseil avait chance, lui aussi, d'être composé de simples étudiants[1].

Pour les affaires importantes, il est vrai, le recteur ne se bornait pas à consulter son conseil ; il prenait en outre l'avis des docteurs, des licenciés et des bacheliers. On en a la preuve dans divers Statuts postérieurs, et notamment dans celui de 1424, transcrit sur le 49e feuillet du *Liber Rectorum*. Ce Statut mentionne l'intervention expresse de sept docteurs éprouvés par l'enseignement du droit civil ou canon, de quatre licenciés, et de plusieurs autres notables de l'Université. Et de quoi s'agissait-il? De la préséance honorifique qu'un vieil usage assignait aux étudiants nobles sur les licenciés, et que voulaient usurper je ne sais quels prétendus nobles de faux aloi. L'usage fut maintenu en faveur des vrais nobles ; mais on se prononça contre les empiétements des prétendus nobles, et on remit les licenciés, à l'égard de ceux-ci, en possession des honneurs disputés[2].

Étrange esprit de contradiction ! Cette même Université, qui tout à l'heure manifestait dans le choix de ses dignitaires des tendances démocratiques si

dinal Bertrand de Deaux, de 1351, inséré dans le *Liber Rectorum*, fol. 26, pourvoit à son remplacement, dans le cas où il se ferait recevoir docteur pendant l'année de son rectorat : « Si rector studii, durante ejus officio, assumatur ad honorem doctoratus, in facultatibus juris » canonici vel civilis, ejusdem rectorie officium et rectoria, eo facto, ut premittitur, doctore, » expirat ipso facto, ac si ipse rector naturaliter mortuus esset, secundum formam in Statutis » Universitatis comprehensam ». — Un autre Statut de 1491 prévoit le cas où les conseillers ne seraient pas même bacheliers : « Si dicti consiliarii aliqui non essent baccalarii ». (*Lib. Rect.*, fol. 110.) — Ces traditions ont survécu. Plusieurs recteurs du xvIIe siècle ont eu soin de consigner sur les feuillets non remplis du *Liber Rectorum* la date de leur réception comme docteurs ; et ces diverses indications établissent nettement que ce n'était jamais qu'à l'expiration de leurs fonctions rectorales qu'ils prenaient leur dernier grade. Il y a de ces sortes d'indications aux dates de 1581, 1596, 1601, 1604, 1606, 1608, 1612, 1621, 1628, 1629 et 1643.

[1] Moyen de contrôle qui, indépendamment de l'esprit égalitaire dont il témoigne chez nos étudiants d'alors, leur permettait de surveiller, de la part des docteurs payés par eux, à cette époque de libre concurrence où ils ne recevaient de rétribution ni de l'État ni des villes, le plus ou moins d'exactitude et de conscience de ceux-ci à observer leurs engagements. On avait chance de mieux mettre à profit, sous ce régime, « la taille de son docteur ».

[2] Cette décision fut prise, selon le texte du Statut précité de 1424 : « Domini rectoris, una « cum omnibus dicte Universitatis, tam doctoribus, quam consiliariis, ac omnibus ceteris » ibidem presentibus, consilio et matura deliberatione inter eos diligenter habitis ». On pourrait mentionner beaucoup d'exemples analogues, consignés dans le *Liber Rectorum*, fol. 51, 54, 57, 104 et 113, aux dates de 1431, 1433, 1434, 1463 et 1510.

curieuses, semble maintenant revenir sur ses pas, et demander en quelque
sorte pardon au privilége. Après avoir poussé le sentiment de l'égalité
jusqu'à exclure du rectorat les docteurs, pour y admettre les simples étudiants, la voilà qui, immolant presque la science sur l'autel du préjugé aris-
tocratique, se voue avec un zèle inattendu au culte de la noblesse de naissance, — comme si la véritable noblesse, dans une École, n'était pas celle du
talent, rehaussé par des mœurs sans reproches! Les étudiants de famille
noble jouissent chez elle, de par la prérogative féodale, du droit de porter un
costume particulier, et de prendre place dans les cérémonies avant les licenciés, et immédiatement à la suite des docteurs[1]. Au lieu d'abolir ce droit,
— incompatible, en bonne justice, avec ses principes constitutifs, — elle le
sanctionne et le consacre; elle se borne à en restreindre la jouissance à un
petit nombre d'individus, en exigeant de ceux qui y prétendraient un train
de maison en harmonie avec leur origine nobiliaire[2].

A part cette exception pourtant, et hormis quelques autres cas assez rares,
comme la notification du résultat de l'examen de licence, par exemple, différé jusqu'au lendemain pour le commun des candidats, et communiqué le
jour même à certains privilégiés[3], on ne saurait se refuser à reconnaître dans
notre ancienne Université de droit une tendance démocratique prononcée.
C'est une chose remarquable que cette administration d'un corps enseignant
comme celui-là, confiée par un cardinal français, en plein xive siècle, aux
mains de gradués inférieurs, ou même de simples étudiants[4].

---

[1] « Cum, secundum bonos mores et laudabiles observantias ab antiquo, et de quarum me-
» moria in contrarium non existit, hactenus in prefata Universitate observatas, fuerit visum
» quod in dicta Universitate nobiles ad eamdem venientes, et causa studii ibidem commoran-
» tes,... solent precedere in honoribus et prerogativis, in incessu et sessu, dominos licentiatos,
» et dominos doctores immediate subsequi... » Considérants du Statut de 1424, ap. *Lib.
Rect.*, fol. 49.

[2] « Statum nobilium tenentes, scilicet tenentes ad minus unum consocium, duos scutiferos,
» unum coquum, et duos famulos... qui quidem nobiles bis in anno faciant, portent seu
» deferant, una cum consociis, vestes novas ejusdem panni, vel saltem coloris et bonitatis, ac
» etiam foderatas de variis vel griseo in hyeme, et in estate de serico : et nulli alii nobiles
» vocari seu dici debent, seu in dicta Universitate vulgariter reputari, nisi modo premisso
» statum talem tenentes. » Statut de 1424, ap. *Lib. Rect.*, ibid.

[3] Statut de 1453, ap. *Lib. Rect.*, fol. 61. Cf. Statut du 3 février 1433.

[4] Tout le contraire du système Parisien, où le pouvoir était aux mains des professeurs.

Faut-il voir là uniquement le contre-coup de l'esprit ecclésiastique du moyen âge et des institutions républicaines de la Commune de Montpellier? Et n'y aurait-il pas à y distinguer aussi un reflet des principes qui avaient servi de base à l'organisation de l'Université de Bologne, mère et modèle de la nôtre[1]? Peut-être ces trois genres de cause agirent simultanément. La tradition démocratique de l'École de droit de Montpellier est, quoi qu'il en soit, un fait des plus piquants. Elle survécut aux libertés municipales de la ville où elle se produisait. En 1491 encore, on éprouvait le besoin d'établir dans notre École un maître de cérémonies, pour y empêcher les plus jeunes étudiants de disputer la préséance aux docteurs[2].

Prenons garde, après cela, de nous laisser tromper par les apparences. Ce n'étaient pas, au moyen âge, comme de nos jours, de simples jeunes gens qui fréquentaient les Écoles de haut enseignement. Les auditoires de ces Écoles contenaient beaucoup d'hommes déjà maîtres d'une position sociale, et appartenant le plus souvent au clergé. Dans un Statut de l'évêque de Maguelone Antoine de Lovier, de 1399, figurent, comme suivant d'ordinaire les cours de notre Université de droit, des chanoines et jusqu'au prévôt même de sa cathédrale[3]. Sur un assez grand nombre de recteurs et de conseillers dont les titres émaillent les feuillets du *Liber Rectorum*, plus de la moitié sont pourvus de bénéfices ecclésiastiques, et occupent un rang dans le monde. Quand notre respectable annaliste Pierre Gariel fut promu, en 1609, aux honneurs du rectorat, il était chanoine de la cathédrale de Montpellier depuis six ans[4], quoique seulement dans sa vingt-cinquième année.

Voy. Thurot, *De l'organisation de l'enseignement dans l'Université de Paris au moyen âge.*

[1] Voy. De Savigny, *Hist. du droit romain au moyen âge*, III, 434.

[2] *Lib. Rect.*, fol. 107. Cf. Acte du 18 janvier 1485-86.

[3] *Lib. Rect.*, fol. 29. — La nature du personnel de notre École de droit se trouve clairement indiquée dans une bulle de Martin V, de 1421. « Omnes et singule persone ecclesiastice, — y est-il dit, — dummodo alicujus ordinis professe non fuerint, in eodem studio pro tempore » studentes, et quecumque beneficia ecclesiastica, cum cura, vel sine cura, etiam si decanatus, » archidiaconatus, prepositura esset,... obtinentes, aut in presbyteratus ordine constitute, » leges in dicto studio per decennium legere et audire, et in eis quoscumque actus scolasticos » exercere, ac etiam baccalariatus et licentie gradus ac doctoratus et magisterii insignia reci- » pere,... et ipsi postquam doctores extiterint, aliis etiam dare et concedere habeant libere et » licite. » *Lib. Rect.*, fol. 69. Cf. Bulle de Clément VII, du 31 décembre 1393.

[4] Une note écrite de sa main, sur le fol. 117 du *Liber Rectorum*, en fait foi. — Parmi les

Il devenait facile, avec de pareils éléments, de donner suite, dans notre Université de droit, aux traditions démocratiques. Le recteur présidait, sous les yeux et l'autorité de l'évêque, au gouvernement de la docte corporation : mais il administrait conjointement avec un conseil librement élu, sauf à recourir pour les affaires les plus graves aux lumières des sommités de l'École; et, comme d'ailleurs ses fonctions n'étaient qu'annuelles, on avait la ressource, son temps expiré, d'en choisir un plus capable. — Le titre de recteur avait du reste alors un sens qu'il a perdu depuis. Notre institution moderne du rectorat ne représente ni le même principe ni la même idée.

Le recteur occupait la première place dans les assemblées et dans les divers actes universitaires. Après lui siégeaient les conseillers, et après les conseillers les docteurs, — les docteurs *in utroque jure* précédant les simples docteurs, et les docteurs en droit canon ayant le pas sur les docteurs en droit civil, par ordre d'âge[1].

recteurs plus anciens qui figurent sur le même Registre, André Julien (1406) s'intitule « bac-» calarius in decretis, camerarius monasterii Sancti Andree prope Avenionem » ; — Ambroise Gasqui (1412) « prior prioratus ecclesie de Pardelliano, ordinis Sancti Benedicti, diocesis Sancti « Pontii Thomeriarum, in decretis licentiatus » ; — Girard Cornavin (1424) « in decretis licen-» tiatus, archipresbiter de Cajarco Caturcensis diocesis » ; — Robert Pinhon (1429) « baccala-» rius in utroque jure, prior Beate Marie de Beorzeto, Vivariensis diocesis » ; — Jean d'Au-rillac (1431) « in decretis baccalarius, prior prioratus de Morbosio »; — Guillaume Roet (1453) « in decretis baccalarius, canonicus ecclesie cathedralis Beati Petri insule Magalone, ac prior » prioratus ecclesie Beate Marie de Latis, Magalonensis diocesis »; — Bernard Textoris (1458) « in sacra pagina et decretis baccalarius, sancte sedis apostolice accolitus, archidiaconus » ecclesie metropolitane Aquensis, et prior seu plebanus plebanie prioratus nuncupati Sancti » Firmini Montispessulani » ; — Jean Lobière « in decretis baccalarius, canonicus ecclesie » Sancti Petri insule Magalone, et prior prioratus Beate Marie de Latis »; — Didier Christophe (1491) « in utroque jure baccalarius, canonicus ecclesie cathedralis Tholonensis, archipresbiter » Bellivisus, etc. » ; — Jean Griffi (1502) « in utroque jure licentiatus, prior et sacrista » ecclesiarum secularium et collegiatarum Sanctæ Annæ Montispessulani et Sancti Affricani, » Magalonensis et Vabrensis diocesium » ; — Pierre Lombard (1507) « in decretis licentiatus, » infirmarius devoti monasterii Sanctorum Benedicti et Germani ville Montispessulani » ; — Bernardin de Ranc (1510) « in decretis baccalarius, prior prioratuum Sancti Germani de Cal-» berta et Sancti Johannis de Brolio, Mimatensis et Vabrensis diocesum, rector pro natione, » dominorum Cathalanorum » ; etc.

[1] « Rector in omni congregatione, omnibus etiam actibus scolasticis, debeat precedere doc-

Tous les membres de l'Université de droit, recteur, conseillers, docteurs, licenciés, bacheliers et autres, assistaient, chaque dimanche, à une messe solennelle dans l'église du couvent des Frères-Prêcheurs ou Dominicains, sous peine, en cas d'absence, d'une amende de cinq sous pour le recteur, de deux sous pour les conseillers et docteurs, d'un sou pour les bacheliers[1].

Dans l'église des Frères-Prêcheurs aussi avait lieu, tous les ans, pendant l'octave de l'Épiphanie, un service pour les morts de l'Université, auquel la corporation tout entière était également tenue d'assister.

Lorsqu'un membre de l'Université mourait, — fût-ce même un simple étudiant, — les leçons étaient suspendues, afin que tout le monde pût se trouver à ses obsèques. En cas d'absence, il y avait dix sous d'amende pour le recteur, cinq sous pour les professeurs ou docteurs en exercice, deux sous pour les bacheliers, six deniers pour les étudiants non gradués. Quand le défunt était trop pauvre, l'Université pourvoyait elle-même aux frais des funérailles[2].

Ces dispositions sont caractéristiques. Notre Université de droit s'y révèle comme constituant une grande famille dont tous les membres se tiennent entre eux par les liens de la plus étroite fraternité et du plus complet dévouement.

A ce titre, l'École tout entière devait se montrer jalouse de son honneur et de sa considération. Les Statuts de 1339 prescrivent de ne porter que

» tores, baccalarios et scolares, cujuscumque gradus, conditionis, vel status existant. Item,
» in congregationibus et aliis actibus scolasticis, doctores baccalariis et scolaribus, cujuscumque
» dignitatis vel status fuerint, preferantur. Etiam inter doctores, qui utriusque juris doctores
» erunt aliis, et juris canonici doctores juris civilis doctoribus, et seniores junioribus prefe-
» rantur. Doctor actu legens Decretum doctores ceteros, etiam juris utriusque, vel canonici,
» antecedat. » Statuts de 1339, cap. 21-22, ap. *Lib. Rect.*, fol. 14 et 15.

[1] Le produit de ces amendes entrait dans la caisse de l'Université. « Ordinamus, — dit l'article 35 des Statuts de 1339, — quod omnes pene pecuniarie, quas doctores, licentiati, » baccalarii, scolares, ac ceteri de Universitate incurrent,... Universitati predicti studii irre- » missibiliter, nisi paupertatis causa, et non quibusvis aliis, applicentur, sed in utilitatem » negotiorum studii fideliter convertantur. » Statuts de 1339, ibid., fol. 20.

[2] « Quod si scolaris mortuus adeo pauper existit, quod de suo honeste non valeat sepeliri, » de pecunia Universitatis fiant decenter exequie pro eodem. » Statuts de 1339, cap. 3, ibid., fol. 5,

3

des habits propres et décents[1]. Point de luxe dans les façons ni dans les étoffes. Personne, à l'exception du recteur, des docteurs, et des étudiants de maison royale ou princière, ne se parera de fourrures de vair, à moins qu'elles ne soient la marque distinctive de quelque dignité ecclésiastique, ou un signe de noblesse : et encore, dans ces cas-là, y en aura-t-il seulement au chaperon[2].

Les docteurs ou bacheliers en exercice feront toujours leurs leçons avec la chape fermée, s'ils sont religieux, avec la chape ronde ou le tabard long, s'ils sont séculiers[3]. Les docteurs séculiers qui enseigneraient le droit canon, comme professeurs ordinaires, *liront* avec la chape rouge[4].

Défense aux membres de l'Université, sous peine de se voir exclus de la corporation, d'aller danser au dehors[5]. Défense, sous la même peine, de jouer aux dés et aux autres jeux de hasard. Si, pour se distraire, ils jouent chez eux à des jeux permis, ils ne s'exposeront pas à perdre plus de deux sous. — Ils éviteront soigneusement toute participation aux folies du carnaval, où la coutume est de se jeter de la paille, des pierres et autres choses, et de se voler réciproquement des viandes[6].

---

1 « Vestes honestas, presertim superiores, non autem strictas, nec nimia brevitate nec lon-» gitudine notandas,... sed juxta morem antiquum. » Statuts de 1339, cap. 4, *Lib. Rect.*, fol. 5.

2 « Nullus in predicto studio audeat vestes emere, cujus canna constet ultra xxv solidos » usualis monete ; neque aliquis, nisi rector vel doctor esset, vel de genere regum, ducum, » principum vel comitum, deferre in dicto studio folraturas audeat variorum ; hoc salvo quod » quicumque nobiles socios tenentes, vel alii etiam dignitates in ecclesiis cathedralibus vel » collegiatis obtinentes, seu licentiati, in caputiis tantum, et non in aliis vestibus, predictorum » variorum possint folraturas deferre. » Statuts de 1339, cap. 4, ibid. — Un Statut de 1391, ibid.. fol. 32. interdit de plus les souliers à la poulaine.

3 « Doctores autem vel baccalarii legentes, si fuerint religiosi, nunquam sine capa clausa, » seculares autem sine capa rotunda, vel manica seu tabardo longo, legant, vel ad ecclesiam » vel intra villam peditando incedant. Statuts de 1339, cap. 4, *Lib. Rect.*, fol. 5. Cf. Statut du 21 janvier 1391, où il est fait exception pour le mauvais temps : « temporibus pluviosis et » nebulosis exceptis, quibus occurrentibus legere cum aliis vestibus quisque poterit ».

4 « Doctores autem seculares, legentes Decretum ordinarie, cum capa rubea legere tenean-» tur. » Statuts de 1339, cap. 4, ibid. — La chape ici recommandée était une robe rouge, analogue à celle des professeurs de droit d'aujourd'hui.

5 « Nullus doctor, baccalarius vel scolaris, extra domum suam, vel scolarium aliorum, ex » quavis occasione vel causa, sub excommunicationis pena, tripudiet vel chorizet. » Statuts de 1339, cap. 5, ibid.

6 « Quia ex quibusdam insolentiis, que in studio Montispessulani, in die Carnisprivii et diebus

Défense aux étudiants de porter des armes d'aucun genre, sans la permission préalable de l'évêque, permission qui doit s'accorder rarement. Défense aussi à tout habitant de Montpellier de louer ou de prêter des armes aux étudiants, en cas de rixe.

Ces divers articles sont, on le voit, autant de traits de mœurs. Il existe des Statuts analogues concernant l'Université de Paris et celle d'Orléans. Les étudiants se ressemblaient alors partout. Ils n'avaient pas à Montpellier, il est vrai, comme à Paris, un Pré-aux-Clercs pour y prendre leurs ébats; mais ils n'en étaient pas plus paisibles : témoin certaine scène de la rue *Bonanioch*, dont le souvenir s'est perpétué jusqu'à nous.

Ils s'avisèrent, un jour, dit-on, de troubler l'ordre dans les environs de la Tour Sainte-Eulalie, siége de notre École de droit, et ils y blessèrent quelques personnes. Là-dessus grande rumeur. Les bourgeois de Montpellier, — qui n'ont jamais été très-sympathiques aux étudiants, malgré les avantages que procurait à leur ville la possession d'une École de droit et d'une École de médecine, où l'on accourait de tous les points de l'Europe, —

» ejusdem vicinis consueverunt fieri, multa olim scandala provenerunt, statuimus quod in die » dominica Canisprivii, et per totam septimanam, predictam dominicam precedentem, et duobus » diebus sequentibus, nullus scolaris, per se vel familiares suos, cum armis, vel sine, audeat ad » domos aliorum scolarium incedere, pro carnibus vel aliis subtrahendis, vel quibusvis aliis » insolentiis seu vanitatibus faciendis ; quodque diebus lunæ et martis post predictam diem » dominicam et ante Cineres concurrentibus, et etiam diebus dictam diem dominicam proxime » precedentibus, scolares ad scolas, sicut in diebus aliis, incedentes, in eisdem scolis, dum » lectiones legentur, pacifice morentur, non projicientes paleas, lapides, vel quevis alia, nec per » ablationem librorum, vel rumoribus, vel aliis, impedientes quominus scolares suas audiant, » et doctores et baccalarii perficiant lectiones, prout in aliis diebus est fieri consuetum. » Statuts de 1339, cap. 9, ap. *Lib. Rect.*, fol. 5. — Nos étudjants, il paraîtrait, se montrèrent rebelles à ces injonctions, et le cardinal Bertrand eut à réitérer sa défense : « Quidam scolares » discoli, — lit-on dans une lettre du 8 février 1341, adressée par lui d'Avignon au recteur et aux docteurs et bacheliers de l'Université de droit civil et canon de Montpellier, et transcrite au fol. 22 du *Liber Rectorum*, — in diebus carnisprivio proximis, doctoribus et aliis legentibus » libros auferunt, et per ablationem librorum et tubarum sonos, et alias diversas insolentias, » doctores et alios legentes impediunt, quominus vel legant, vel inchoatas legere terminent lec- » tiones,... ultra perditionem temporis, plerumque occasionem pluribus indecentibus et viam » multis scandalis et periculis ministrantes »... Le cardinal, pour avoir raison de ces mutineries, finit sa lettre en menaçant leurs auteurs et leurs complices, s'ils recommencent, d'excommunication *ipso facto*.

résolurent d'user de représailles. Le lendemain, sur le soir, ils guettèrent les mutins à leur sortie de l'École, et leur barrèrent le passage, dans une rue tellement étroite, qu'aucun d'eux ne put fuir. Afin de distinguer les jeunes gens du pays de ceux du dehors, à qui ils en voulaient particulièrement, ils les obligèrent tous à dire, dans leur idiome local : *Dieu vous done bona nioch !* Les étrangers ne réussissant guère à prononcer convenablement les derniers mots de cette forme de bonsoir, il devint facile de reconnaître les tapageurs du dehors. On en tua quelques-uns, et on les jeta dans les puits du voisinage.

Le procédé n'était pas nouveau. Sans remonter jusqu'à l'époque de Jephté, où s'en trouve un exemple mémorable, on en avait récemment fait l'application à Palerme, lors des Vêpres siciliennes. Le nom de *Rue Bona-nioch* est demeuré au théâtre de ce drame sanglant[1].

On s'explique, après cela, la défense faite à nos étudiants par les Statuts de 1339 de se promener en armes à travers la ville. L'évêque de Maguelone André de Fredol leur avait déjà intimé, en 1320, un ordre du même genre, en se plaignant de leur humeur turbulente[2]. Les Statuts de 1339, en réitérant cet ordre, témoignent du peu de compte qu'on en avait tenu. Ils ne devaient pas être mieux observés, à leur tour, à en juger par un document du 23 janvier 1428, transcrit sur le *Liber Rectorum*[3], et que j'analyserai tout à l'heure.

Les Statuts de 1339 renferment, d'autre part, de curieux détails sur la distribution du temps et des matières d'étude dans les Écoles de droit du moyen âge. Dans celle de Montpellier, il n'y avait pas moins de quatre heures affectées chaque jour à l'enseignement[4]. On n'y connaissait guère de vacances que du 8 septembre au 18 octobre, en y joignant les chômages périodiquement ramenés par la célébration des fêtes de l'Église[5]. L'année

---

[1] La rue Bona-Nioch a été, comme la plupart des anciennes rues, considérablement modifiée. On en voit néanmoins encore une partie dans l'état primitif, derrière le chœur de l'église Sainte-Eulalie. Elle avait à peine trois mètres de largeur.

[2] Mandement du 2 avril 1320, ap. *Cartul. de Mag.*, Reg. D, fol. 142.

[3] *Lib. Rect.*, fol. 98. Cf. accord de 1453, ibid., fol. 101.

[4] Statuts de 1339, cap. 10, ibid., fol. 6.

[5] « In aliis autem diebus, — est-il dit, à la suite de l'énumération de ces fêtes,

scolaire s'y ouvrait à la Saint-Luc[1], comme pour l'Université de médecine. Et cette vie de labeur se prolongeait longtemps. Tout aspirant au baccalauréat en droit civil, — disent les Statuts du cardinal Bertrand, — doit avoir étudié six ans avant de commencer à *lire*. De même le bachelier qui se présente au doctorat doit avoir *lu* cinq ans, hormis le cas où l'évêque jugerait convenable, avec le conseil des docteurs, d'abréger la durée de ses épreuves : encore ne peut-il l'abréger que de deux ans. Il faut donc, à tout le moins, neuf ans d'études pour être apte à devenir docteur[2]. Il faut, de plus, trois ans au bachelier en droit civil, pour se faire recevoir bachelier en droit canon, et douze ans pour arriver au double doctorat, pour obtenir le titre de *doctor in utroque*, — douze ans avec dispense[3] !

IV.

Désire-t-on savoir par quelle série d'épreuves on devenait à Montpellier docteur en droit? Les Statuts de 1339 permettent de se renseigner à cet égard. — La licence, contrairement à ce qui se pratique de nos jours, conduisait alors nécessairement au doctorat, en faisant, en quelque sorte, corps avec lui : car elle impliquait, d'une manière expresse, l'autorisation d'accomplir tous les actes doctoraux. Les Statuts du cardinal Bertrand la définissent : *licentia omnes actus doctorales agendi*[4]. Il n'y avait au-delà qu'un

---

beaucoup plus nombreuses, il est vrai, qu'aujourd'hui, — nullo modo vacent, nec cessationes de
» lectura, quacumque occasione vel causa, indicantur aut fiant, etiamsi septimana esset integra
» sine festo. Pro funeribus autem studentium, illa hora duntaxat cessetur, qua corpus tradetur
» ecclesiastice sepulture, proviso tamen quod propter hoc lectio ordinaria non perdatur. »
Statuts de 1339, cap. 14, ap. *Lib. Rect.*, fol. 8.

1 « In crastinum Sancti Luce, more solito ». Statuts de 1510, ibid., fol. 113.

2 Cela explique le titre que porte dans le *Liber Rectorum* une des dix bulles de Martin V, du
17 décembre 1421 : *De audiendo leges per decennium*, etc.

3 Statuts de 1339, cap. 15 et 17, ap. *Lib. Rect.*, fol. 9 et 10. — Ces douze années d'études
furent réduites à dix par les Statuts rédigés en 1468 pour le Collége Du Vergier ou de la Chapelle-Neuve.

4 « *De licentiandis* quidem *doctoribus* in variis scientiarum facultatibus, — avait déjà dit le
pape Clément IV, dans sa lettre à Jayme 1er du 26 mai 1268 mentionnée plus haut, —
» aliud canonica jura definiunt, aliud principum sanctiones; sed et ipsæ consuetudines per
» diversitates diœcesum aut locorum in hujusmodi dandis licentiis variantur. » Martène et

par cérémonial. La licence était le grade vraiment sérieux. Le prieur des docteurs[1] convoquait, pour la conférer, l'Université tout entière dans l'église Saint-Firmin , la paroisse officielle de Montpellier. Le candidat, informations prises sur ses mœurs, sa naissance et sa capacité, y tirait au sort, dans un livre de droit civil ou canon, le sujet de ses thèses, de grand matin, et le soir même, entre None et Vêpres, après quelques heures de préparation seulement, il allait les soutenir à la Salle-l'Évêque, dans la maison ou le palais que l'évêque de Maguelone habitait ordinairement à Montpellier. La soutenance était imposante. Tous les docteurs de la Faculté devaient y assister, à moins d'empêchement légitime, et y prendre une part active, en présence de l'évêque ou de son délégué. Ils donnaient ensuite leurs notes, émettaient un avis, prononçaient un jugement, d'après lequel le candidat était admis ou ajourné. S'il était ajourné pour insuffisance, on l'en informait secrètement, de manière à lui épargner toute confusion. Si, au contraire, il était admis, on le proclamait en public, et il pouvait, en vertu de cette décision, prendre le bonnet de docteur quand il voulait, et où il voulait, soit à Montpellier, soit dans toute autre Université[2]. Optait-il immédiatement pour Montpellier, on procédait de suite à la solennité de sa réception. La cloche de l'Université appelait, à cet effet, maitres et étudiants dans l'église Notre-Dame des Tables. Le récipiendaire s'y rendait escorté de ses amis; et là, au milieu de la foule empressée à lui faire honneur, il commentait le texte d'une loi ou d'un décret ; après quoi le président interrogeait encore les docteurs sur sa capacité, et l'admettait à prêter serment. Le serment prêté, selon la formule prescrite, il lui octroyait publiquement la licence de *lire*, de régenter, d'enseigner, de disputer, de remplir, en un mot, toutes les fonctions doctorales, à Montpellier ou ailleurs, conformément à la constitution du pape Nicolas IV.

Durand, *Thes. nov. anecdoct.*, II. 603. — « *Licentia doctoratus* », lit-on aussi, à l'article 18 des Statuts du cardinal Bertrand de 1339, ap. *Lib. Rect.*, fol. 12.

[1] Le chef des docteurs, soit par l'ancienneté, soit surtout et administrativement par l'élection, *Prior doctorum*.

[2] Cette liberté de choix ne subsista pas toujours. Un Statut de 1468, renouvelé en 1477, et transcrit au fol. 106 du *Liber Rectorum*, impose à tout gradué inférieur le serment de ne prendre les grades supérieurs, et le doctorat surtout, dans aucune autre Université que celle de Montpellier, « et hoc sub pena perjurii et infamie, et solutione jurium ».

Puis, le docteur que le récipiendaire avait choisi pour maître et pour parrain lui conférait les insignes du doctorat, lui donnait l'investiture par la chaire, le livre, le bonnet, le baiser ou l'accolade, et la bénédiction. Le nouveau docteur commençait ensuite à *lire*, et allait finalement faire une offrande à l'autel[1].

Ainsi avait lieu, au xive siècle, une réception de docteur dans l'Université de droit de Montpellier.

Deux conséquences ressortent de cet ancien cérémonial : le doctorat s'y révèle, d'une part, comme une sorte de haute chevalerie scientifique, ayant ses rites propres et ses insignes spéciaux, essentiellement liés à ceux de l'Église ; et il n'y est, d'autre part, que la sanction définitive, la proclamation publique d'un succès préalablement obtenu dans les luttes scolaires de la licence : d'où vient peut-être le double nom d'acte triomphal (*actus triumphalis*) et de début solennel (*solemne principium*) par lequel le désignent les Statuts de 1339.

Ce cérémonial était loin d'être alors une innovation, non plus que la plupart des règlements ici codifiés, et en quelque sorte consacrés. Le manuscrit latin 4569 de la Bibliothèque nationale de Paris nous le montre déjà en vigueur en 1308, lorsque Bérenger de Landore, depuis général des Dominicains et archevêque de Compostelle, prit à Montpellier sa licence en droit, sous les auspices de Pierre d'Estaing. Il nous donne non-seulement le procès-verbal des épreuves subies par le candidat, mais l'analyse de ses thèses, et une sorte de compte-rendu de leur soutenance. Il enregistre, qui plus est, la harangue du président : *Arenga quam fecit et dixit dominus Petrus de Stagno, quando Berengarius de Landorra fuit licentiatus in Montepessulano.* Rien de piquant comme ce morceau de jurisprudence classique : on serait presque tenté de voir dans sa conclusion le canevas de la fameuse scène du *Malade imaginaire*.

Quoniam ergo plene scimus quod fidei sue probata sinceritas examinis

---

[1] Statuts de 1339, cap. 18 et 19, ap. *Lib. Rect.*, fol. 10. — J'ai déjà publié le texte latin de ce cérémonial dans mon *Histoire de la Commune de Montpellier*, III, 396. Il était exactement suivi, comme le constatent les minutes du notaire Jean de Sala, de 1341 et 1342, conservées aux Archives départementales de l'Hérault.

mole flecti non potuit, sed continua fixa constancia in adversitatibus feli-
cius perequatur (?), attendentes quanta morum honestate refloret, quanta
sciencia civilium litterarum prepolleat, quanta nobilitate generis reful-
geat, actus tante strenuitatis et tam festivos hujus felicitatis eventus
auribus vestris infundimus ; sed ad silens actu jocunditatis tripudiis
exultetis..., mecum pariter.

> *Capiat licenciam ergo doctorandi :*
> *nam habet scienciam ceteros docendi,*
> *et sufficienciam jus interpretandi,*
> *nec non et facundiam pulcre proferendi,*
> *et magnificenciam jus determinandi.*
> *Scandat ergo cathedram, causa disputandi,*
> *ac legendi coram omnibus, atque repetendi,*
> *et cum vult, det operam festum faciendi,*
> *ut istis materiam det tripudiandi,*
> *et nobis leticiam festa celebrandi,*
> *ad laudem et gloriam Unius colendi,*
> *ut post hanc miseriam in terris vivendi,*
> *ad supremam curiam larem transferendi*
> *habeamus copiam, [et ?] celos habitandi[1].*

La charge de Molière, dans sa réception doctorale d'Argan, ne semble-
rait-elle pas avoir là son prototype? Le voisinage des deux Écoles de droit
et de médecine de Montpellier, en leur permettant de se modeler l'une sur
l'autre, nous aurait donc valu une double parodie.

---

[1] Biblioth. nation. mss. lat. 4569, pet. in fol. maroquin rouge, aux armes de Colbert, fol.
115-137. — Comparer ce texte avec l'extrait des Statuts du cardinal Bertrand de 1339 inséré
dans mon *Histoire de la Commune de Montpellier*, 111, 396, et avec les paroles qu'adressait dans
notre Faculté de médecine au nouveau bachelier le président de l'acte, en le faisant monter en
chaire, revêtu de la robe rouge : *Indue purpuram, conscende cathedram, et grates age quibus debes.* — Molière ne caricaturait donc pas autant qu'on pourrait le croire, avec son accu-
mulation de gérondifs : « Ego cum isto boneto, Venerabili et docto, Dono tibi et concedo Vir-
tutem et puissanciam Medicandi, Purgandi, Seignaandi, Perçandi, Taillandi, Coupandi, et occi-
dendi Impune per totam terram. — Je recommande ce manuscrit 4569 de la Bibliothèque
nationale de Paris à l'attention des amateurs de prose latine rhythmique et rimée ; il n'y a
guère de recueils plus curieux en ce genre.

Le docteur reçu d'après ce cérémonial était arrivé au pinacle du *magiste-rium*, et avait désormais pouvoir d'enseigner partout. Mais que de temps et de travail, que d'argent aussi ne dépensait-on pas avant d'aboutir à ce terme! Quoique en principe la collation des grades fût alors gratuite dans notre Université de droit[1], les frais qu'avait à supporter le nouveau docteur s'élevaient encore bien haut, sans parler des sacrifices inséparables de neuf ans d'attente. Le cardinal Bertrand se voit dans l'obligation de les réduire, d'accord avec une disposition des *Clémentines*, au *maximum* de trois mille tournois[2], somme assez ronde à une époque où le numéraire avait une si grande valeur. Il existait alors, heureusement, de charitables hôtelleries, — des collèges, comme on disait, — où la généreuse munificence des fonda-teurs avait ouvert un asile aux plus pauvres étudiants[3].

Une partie de cet argent tournait, il est vrai, au profit de l'Université; elle servait à fournir aux dépenses communes. La caisse, ordinairement gardée dans la sacristie des Frères-Prêcheurs, avait trois clefs, dont l'une se trouvait aux mains du recteur, les deux autres devant rester en dépôt chez deux conseillers choisis parmi les deux nations étrangères à celle du recteur, afin que chacune des trois nations pût ainsi exercer une égale sur-veillance sur l'emploi des fonds généraux.

[1] « Statuimus et ordinamus, quod pro publica vel privata examinatione, vel solempni princi- » pio alicujus baccalarii, seu aggregatione doctorum collegio facienda, vel pro quovis alio, » nichil pecuniarum, vel aliquid aliud, tempore doctoratus, vel antea, seu post, episcopus, » rector vel doctores a noviter doctorando, vel doctorato, exigant seu recipiant.... Rector au- » tem et doctores, ac doctorati seu doctorandi contrarium facientes, ipso facto excommuni- » cationis incurrant sententiam.. » Statuts de 1339, cap 18, ap. *Lib. Rect.*, fol. 11.

[2] « Doctorandus non possit, per se nec per alios, nec de bonis suis, nec de bonis amicorum, » vel aliquo modo sibi donatis, ultra tria millia turonensium argenti expendere, omnibus ex- » pensis, quæ ratione doctoratus fient, per omnia computatis. » Statuts de 1339, cap. 18, ibid. Cf. *Clément.* lib. V, titul. 1, cap. 2.

[3] Au collége Saint-Benoît et Saint-Germain, fondé par Urbain V, seize bourses pour le droit civil ou le droit canon; au collége Saint-Ruf, créé par le cardinal Anglic de Grimoard, huit bourses pour le droit canon; au collége Du Vergier, institué par le président de ce nom, quatre bourses pour le droit civil ou le droit canon, indépendamment des ressources d'hospi-talité qu'offraient les couvents des ordres mendiants. — Mais partout et toujours prime le caractère religieux. Les boursiers du collége Du Vergier, par exemple, le moins ecclésiastique des trois, étaient astreints à réciter quotidiennement l'office de la sainte Vierge et celui des morts; à communier au moins deux fois l'an, etc.

4

Mais il n'en fallait pas moins payer pour les cours, sinon pour tous, du moins pour certains d'entre eux; et on prélevait, en outre, sur chaque étudiant, dix sous « pour la taille de son docteur[1] ». Il fallait aussi payer pour les bancs[2], payer pour les livres; et avant que l'imprimerie les eût multipliés, ils coûtaient cher. On ne les achetait pas toujours, à la vérité, mais on les louait : le bedeau de l'Université était tenu de les avoir[3]; et naturellement il trouvait son compte à les fournir[4]. Il le trouvait encore à rafraîchir en été, et à pourvoir de paille en hiver les salles de cours[5], ainsi qu'à assister, avec son costume officiel et sa baguette verte, aux prises de grade. Le bedeau a son rôle et ses honoraires marqués dans nos Statuts de 1339, pour la plus grande gloire de la corporation, en même temps que pour la ruine des étudiants.

Tout cela se passait sous la haute juridiction de l'évêque de Maguelone. C'était entre les mains de l'évêque de Maguelone, ou de l'un de ses délégués, que le nouveau recteur prêtait serment; c'était à l'évêque de Maguelone que le futur docteur jurait fidélité[6]. Aucun règlement ne pouvait s'éta-

---

[1] « Quilibet scolaris decem solidos usualis monete pro tallia doctoris... solvere teneatur. » Statuts de 1339, cap 25, ap. *Lib. Rect.*, fol. 16.

[2] « Quilibet scolaris quinque solidos pro banchis solvere teneatur. » Ibid.

[3] Il n'y avait qu'un bedeau en titre, et il se qualifiait « bedeau général ». Il était chargé de sonner la cloche de l'Université, d'annoncer les fêtes, les exercices, les cérémonies, dans les salles de cours ; de fournir, moyennant rétribution, les livres nécessaires aux bacheliers lecteurs et aux simples étudiants: et il portait constamment, même hors de l'École, une verge ou baguette de couleur verte, marque de sa fonction. (Statuts de 1339, cap 26 et 27, ap. *Lib. Rect.*, fol. 16 et 17.) — Mais, indépendamment de ce bedeau en titre, il y avait aussi, pour le service de l'Université, divers officiers inférieurs, nommés *banquerii* ou *bancarii*. Chaque docteur en exercice pouvait avoir le sien. Ces bedeaux particuliers, quoique non obligés de fournir de livres les professeurs et les étudiants, avaient néanmoins la faculté de louer et de vendre les ouvrages qu'on leur demandait. (Statuts de 1339, cap. 23 et 29, ap. *Lib. Rect.*, fol. 17.)

[4] Statut de 1396, ap. *Lib. Rect.*, fol. 36.

[5] Ce trait caractéristique, qui rappelle les vieux usages des écoles parisiennes de la rue du Fouare, m'est fourni par un Statut de 1510, destiné à raviver d'anciennes traditions. « Teneatur idem bidellus, — y est-il dit, en parlant du bedeau général, — dicte Universitatis studia, horis competentibus, claudere et aperire, ac humida in estate tenere, in hieme autem in eisdem paleas ponere et tenere. » *Lib. Rect.*, fol. 115.

[6] Statuts de 1339, cap. 36. — Ce serment n'était pas une simple formalité. Un certain

blir, ni aucune affaire de quelque importance se traiter, sans la participation de l'évêque de Maguelone. L'examen de licence, lui aussi, — l'épreuve la plus sérieuse, sinon la plus solennelle, de notre Université de droit, — avait lieu dans le palais de l'évêque de Maguelone, à la Salle-l'Évêque. L'autorité ecclésiastique était alors, — je l'ai déjà dit, — le grand pouvoir universitaire, en même temps que le grand pouvoir social.

Son action fut, au moyen âge, aussi complète qu'elle pouvait l'être. Presque toutes nos anciennes Universités ont été fondées ou constituées par les papes[1].

Les papes, après les avoir canoniquement établies, en retinrent la direction suprême, et en déléguèrent la surveillance quotidienne aux évêques, dans leurs diocèses respectifs[2]. Les évêques les administrèrent sous leur responsabilité propre : mais les papes n'ayant pas abdiqué leurs droits sur elles, en reprirent, dans les circonstances extraordinaires, l'exercice. Cela explique l'adjonction d'une Faculté de théologie à notre Université de droit par Martin V, en 1421. Cela explique aussi la substitution par Léon X, en 1518, du prieur de Sainte-Anne de Montpellier à l'évêque de Maguelone Guillaume Pellicier[3], qui, abusant de sa prérogative, refusait d'ap-

---

Pierre Fauron, pour l'avoir violé, fut mis, en 1428, au ban de l'Université, comme le mentionnne le *Liber Rectorum*, fol. 43. (Cf. fol. 57 et 104, où se trouvent consignées des mesures analogues pour les années 1434 et 1463.)

[1] Celle de Paris par Innocent III en 1215 ; — celle de Toulouse par Grégoire IX, en 1233 ; — celle de Montpellier par Nicolas IV, en 1289 ; — celle d'Avignon par Boniface VIII, en 1303 ; — celle d'Orléans par Clément V, en 1306 ; — celle de Cahors par Jean XXII, en 1332 ; — celle d'Aix par Alexandre V, en 1409 ; — celle de Poitiers, celle de Caen et celle de Bordeaux par Eugène IV, en 1431, 1437 et 1441 ; — celle de Nantes par Pie II, en 1460 ; — celle de Bourges par Paul II, en 1464 ; — celle de Reims par Paul III, en 1547.

[2] Aux évêques diocésains toujours, et parfois aussi à d'autres prélats et ecclésiastiques, spécialement investis de ce soin, comme lorsque Martin V, par exemple, nomma conservateurs de notre Université l'archevêque de Narbonne, l'abbé d'Aniane, et le prévôt du chapitre de Maguelone, avec juridiction civile.

[3] Le fait de cette substitution exceptionnelle, — et momentanée, du reste, — est attesté par une bulle spéciale de Léon X, du 1er décembre 1518, transcrite sur le *Liber Rectorum*, fol. 118. — Il s'agit ici, je n'ai pas besoin de le faire remarquer, de l'évêque Guillaume Pellicier Ier. Le Guillaume Pellicier, dont tout le monde sait le rôle dans l'œuvre de la Renaissance du xvie siècle, n'a succédé à son oncle qu'en 1529.

prouver l'élection du nouveau recteur et des nouveaux conseillers de cette Université.

V.

Telle a été notre École de droit de Montpellier au moyen âge. Au XVIII⁰ siècle encore, elle continuait de reconnaître la juridiction épiscopale. Mais il y avait alors déjà longtemps que, sauf de périodiques éclaircies, elle n'était plus que l'ombre d'elle-même. Dix ans à peine après la rédaction de ses Statuts organiques par le cardinal Bertrand de Deaux, le roi d'Aragon Pierre-le-Cérémonieux lui avait porté un premier coup. Devenu maître des états du roi de Majorque Jayme II, il institua à Perpignan, en 1349, une école de haut enseignement, où l'étude de la législation civile et canonique obtint une place d'honneur. Les étudiants du Roussillon et de la Cerdagne, habitués jusque-là à venir à Montpellier, durent naturellement s'expatrier désormais en moins grand nombre. Les fléaux publics qui accablèrent l'Europe, et surtout la France, vers cette époque, n'étaient pas, d'ailleurs, propres à favoriser de coûteux déplacements. Montpellier cessait alors d'appartenir à la maison d'Aragon, et les étudiants aragonais et majorquins n'eurent plus, conséquemment, les mêmes raisons pour fréquenter notre Université de droit, — d'autant mieux que le peu de sympathie de la population montpelliéraine à leur égard, — dont la scène tragique de la rue *Bona-nioch* nous donnait tout à l'heure une preuve si manifeste, — n'était pas de nature à les y retenir.

Les rois de France et les papes eurent beau les prendre sous leur sauvegarde. L'administration municipale de Montpellier semblait leur témoigner une hostilité systématique, à tel point qu'il fut un moment question, à la cour pontificale d'Avignon, de transférer notre École de droit dans une ville plus hospitalière [1].

---

[1] Je dois l'indication de ce fait à une lettre confidentielle du cardinal Bertrand de Deaux, conservée en original dans les archives municipales de Montpellier, Grand Chartrier, Arm. C, Cas. XXII, nᵒ 11. « — Ipse intentionis erat, — y dit ce cardinal en parlant du pape, et en s'adressant aux consuls de Montpellier, qu'il invite à plus de douceur envers les étudiants, — » privilegia studii generalis, ville Montispessulani concessa, revocare, et studium, cum debitis » privilegiis, ad alium locum transferre. »

Ce projet ne reçut pas d'exécution, parce que, vraisemblablement, l'administration municipale ainsi admonestée s'amenda, ou promit de s'amender. Il ne lui fut pas difficile de comprendre que Montpellier, en perdant ses Écoles, — car l'esprit du projet mentionné était de lui enlever également son Université de médecine, — eût perdu ses avantages les plus précieux ; et, se ravisant sur ses véritables intérêts, elle obéit aux remontrances de la cour d'Avignon. C'était obéir en même temps au roi Jean, qui, touché des réclamations des docteurs et des étudiants de l'Université de droit de Montpellier, les patronnait avec une générosité toute chevaleresque[1].

On ne saurait avoir, en général, trop de reconnaissance envers les souverains pontifes et les rois de France, pour le bienveillant appui dont ils ne cessèrent d'honorer cette Université. Martin V surtout mérite, à cet égard, les éloges les plus explicites. Il ne se borna pas à enrichir notre École de droit de faveurs en harmonie avec sa constitution[2]; il voulut, en outre, agrandir son domaine, en lui annexant une Faculté de théologie[3]. Les études théologiques, qui, bien que cultivées à Montpellier de temps immémorial, n'y avaient pas encore eu de chaires publiques officiellement approuvées par le Saint-Siège, ni de professeurs apostoliquement investis de la mission de conférer les grades, durent à la libéralité de l'intelligent pontife le bénéfice de cette double institution, et furent appelées à se développer au sein de nos Écoles, à partir de 1421, simultanément avec les études jurisprudentielles, sous l'œil d'un recteur commun[4].

---

[1] Voy. *Ordonn. des rois de France*, II, 513, et IV, 34. Cf. Archiv. mun. de Montp., *Grand Chartrier*, Arm. C, Cas. XXII, nᵒˢ 6 et 8 ; *Lib. Rect.*, fol. 77; Archiv. nation., *Trésor des Chartes*, Reg. LXXX, fol. 314, et Reg. LXXXII, pièce 583; et *Hist. de la Comm. de Montp.*, III, 401.

[2] Le *Liber Rectorum* ne contient pas moins de dix bulles de Martin V, données à Saint-Pierre de Rome, le 17 décembre 1421, toutes au profit des Écoles de Montpellier, et spécialement de l'Université de droit, à la requête du B. Louis Aleman, chancelier-né de l'ensemble de ces Écoles en sa qualité d'évêque de Maguelone, ainsi qu'à la prière des recteur, maîtres, docteurs, licenciés, bacheliers et simples étudiants. J'ai analysé ces diverses bulles dans mon *Histoire de la Commune de Montpellier*, III, 390, où on en trouvera le résumé.

[3] Voy., dans mon *Histoire de la Commune de Montpellier*, III, 416, la bulle de Martin V, du 17 décembre 1421, éditée d'après le texte du *Liber Rectorum*.

[4] D'après les Statuts dressés pour la Faculté de théologie de Montpellier, à la suite de son

Malgré cette immense concession de Martin V, pourtant, si peu conforme aux habitudes dominatrices de la théologie au moyen âge, notre École de droit eut de la peine à soutenir son ancienne réputation, et ne retrouva jamais sa première prospérité. Elle atteignit à un personnel de docteurs plus considérable, sans voir s'augmenter proportionnellement le nombre de ses élèves. En vain Charles VII, marchant sur les traces du roi Jean, lui confirma, avec d'importantes additions, les franchises et priviléges successivement octroyés, soit par les papes, soit par les rois ses prédécesseurs[1]. En vain l'Université elle-même, secondant les tentatives du pouvoir, entreprit, dans le but de se repeupler[2], d'abaisser le tarif de ses droits fiscaux[3]. Le coup lui était porté, sans garantie d'un avenir meilleur. Elle se trouva bientôt dans un tel état de détresse, qu'elle n'eut plus même de quoi faire les frais d'un tabard neuf à l'usage de ses gradués, et qu'elle fut réduite à emprunter celui de sa rivale l'Université de médecine, qui, pour comble d'humiliation, le lui envoyait redemander avant la clôture de l'examen[4], en se raillant de sa misère.

---

incorporation à l'Université de droit, et transcrits sur le *Liber Rectorum*, fol. 81, cette Faculté était représentée par un doyen, qui, lors de son installation, prêtait serment au recteur de l'Université de droit. Le doyen veillait sur les priviléges, libertés et honneurs de sa Faculté, et y exerçait une sorte de censure *super propositionibus hereticis, erroneis et male sonantibus*. Il avait le pas sur le prieur de la Faculté de droit, dans tous les actes concernant la Faculté de théologie. Mais le prieur de la Faculté de droit avait, à son tour, le pas sur lui dans tous les exercices de la Faculté de droit. Dans les solennités, universitaires ou autres, le prieur de la Faculté de droit et le doyen de la Faculté de théologie alternaient, chaque année, pour la préséance, en commençant par le prieur de la Faculté de droit. Les provinciaux des ordres mendiants ne venaient qu'après eux, et les maîtres de la Faculté de théologie marchaient ensuite de pair avec les docteurs de la Faculté de droit. Voyez *Hist. de la Comm. de Montp*, III, 393.

[1] Voy., dans mon *Hist. de la Commune de Montpellier*, III, 404, les lettres de Charles VII, données à Pézenas en mai 1437.

[2] « A longis citra temporibus, nedum inclitam hanc villam (Montispessulani), sed etiam patriam circumvicinam, quod flebiliter referimus, pestes varie, atque hominum obstupende strages,... multipliciter contingerunt. Qua ex re, presens hec Universitas sepe sola et vacua extitit solatio desolata ; que non solum ad terrenorum, sed etiam animarum interdum cedunt detrimentum. » Statut de 1410. ap. *Lib. Rect.*, fol. 30. — « Non modicum depopulata (dicta Universitas) permanet, et quotidie in ruinam decurrit. » Statut de 1468, ibid., fol. 106.

[3] Statut de 1468, ap. *Lib. Rect.*, fol. 106. Cf. Autres Statuts de 1471 et de 1507.

[4] « Ne veste aliena quis ante tempus exsui habeat, uti pluries ipsi Universitati contingit,

C'est qu'alors, indépendamment de la désastreuse influence des calamités publiques, s'élevaient çà et là d'autres Écoles capables d'entrer en concurrence avec la nôtre. Le temps n'était plus où Montpellier monopolisait dans sa région l'enseignement du droit. Paris et Orléans lui enlevaient au passage les étudiants du Nord; et ceux du Midi, outre les avantages qu'offrait à une partie d'entre eux l'Université de Perpignan, dont je mentionnais tout à l'heure la création par Pierre-le-Cérémonieux, pouvaient préférer à l'École de Montpellier ses émules de Toulouse et d'Avignon. Cahors et Aix furent aussi bientôt en état de les recevoir, lorsque Jean XXII et Alexandre V y eurent érigé des Écoles analogues, comme Eugène IV, un peu plus tard, en érigea, à son tour, à Poitiers et à Bordeaux, — sans parler de l'Université d'Orange, qui devait exercer sur eux les séductions d'une si proverbiale débonnaireté[1]. Montpellier, pour soutenir avec succès une pareille rivalité, aurait eu besoin d'autre chose que des encouragements des rois de France. L'apparition d'un Bartole ou d'un Cujas aurait eu seule quelque chance d'entretenir la vie dans la vieille École de Placentin, en y contre-balançant par l'éclat d'une nouvelle illustration les causes de ruine qui la travaillaient.

Une décadence progressive de cette nature ne permettait guère de maintenir la sévérité des anciens règlements. En 1412 déjà, le recteur Ambroise Gasqui éprouvait le besoin de rappeler à l'ordre l'aréopage de nos docteurs, dont la déplorable facilité à conférer les grades faisait planer sur la savante corporation un reproche d'ignorance humiliant. Si ce rappel à l'ordre n'est pas exagéré dans les termes, on admettait alors au baccalauréat, dans notre Université de droit, des étudiants indignes de ce nom, connaissant à peine le titre des articles du *Decretum*, pour se l'entendre souffler à l'oreille, et ayant tout au plus jeté les yeux sur les premiers feuillets du livre qu'ils étaient censés savoir à fond; ce qui ne les empêchait pas, une fois reçus bacheliers, de s'en vanter par le monde, au risque de passer pour incapables auprès des étudiants des autres Universités, à la honte et au préjudice

---

cum careat rebus certis quamplurimum sibi necessariis, ut tabardo qui habet portari per scolares in gradibus assumendis, quod necessario ab emulis ipsius Universitatis, uti dominis medicis, sub gravi conditione vix recipi potest, et ante consummationem actus exsui habet... » Statut de 1502, ap. *Lib. Rect.*, init.

[1] N'appelait-on pas dérisoirement ses gradués «Docteurs à la fleur d'orange»?

de celle de Montpellier[1]. Mais le recteur Ambroise Gasqui eut beau vouloir remédier à ce scandale : les docteurs, en revenant, comme il le leur enjoignait, aux anciennes traditions, n'eussent réussi qu'à éloigner les élèves fidèles à leur École. Ils se bornèrent à remplir les formalités prescrites par les Statuts, sans se soucier d'en remettre l'esprit en vigueur, et crurent dégager suffisamment leur responsabilité en faisant l'aumône de certificats à qui leur en demandait.

Ce n'était guère le moyen de fortifier les études et de ranimer la discipline. Aussi nos étudiants reprenaient-ils peu à peu les habitudes turbulentes que s'était efforcé de réprimer le cardinal Bertrand de Deaux. Ne s'avisèrent-ils pas, vers les fêtes de Noël de 1428, d'envahir, au nombre de six ou sept, pendant la nuit et avec effraction, le domicile d'une veuve, pour en enlever une jeune femme, d'une vingtaine d'années, en l'absence de son mari ! Ils tentèrent cet exploit tout armés, et se masquèrent, pour ne pas être reconnus. Mais ils ne se cachèrent pas tellement néanmoins, qu'ils ne donnassent prise aux soupçons. L'autorité judiciaire de la baylie voulut venger l'honneur de la femme outragée, et se mit particulièrement à la recherche d'un des coupables, le plus compromis sans doute, qu'elle fit arrêter et retenir en prison. Il se nommait Jacques Bruguière. L'Université aurait dû, ce semble, l'abandonner à la justice, et prêter main-forte au pouvoir investi de la mission expresse de défendre et de sauvegarder les mœurs. Mais il n'en fut pas ainsi. Plus préoccupée du maintien de ses priviléges que du respect de la morale, elle protesta contre une prétendue usurpation de l'autorité séculière, alléguant qu'en vertu des franchises octroyées par les rois

---

[1] Il faut que ce scandale ait été bien affligeant, pour que l'Université, par l'organe de son » recteur, ait cru devoir le flétrir avec l'âpre franchise que voici: « Cum dictum statutum, — y dit le recteur, à propos de l'article des Statuts de 1339 concernant la collation des grades; » — minime observetur, ymo ipso spreto, in maximam Universitatis nostre ignominiam, et de- » decus omnium suppositorum ipsius, ignari omnino solum latrunculis sibilationibus quotas » *Decreti* allegantes, qui postes voluminis ipsius vix aut nunquam intraverunt, et sic indignis- ». simi ad gradum baccalariatus assumantur, et etiam tales, dum per mundi ambitum disper- » guntur, solo nomine baccalariatus dotati, scientia autem vacui, graduatos hujus alme » Universitatis se profitentes, per aliarum Universitatum scolares mirifice confundantur, et » sic fama dicte nostre alme Universitatis, funditus obumbrata, maneat totaliter denigrata et . confusa..... ». Statut de 1412, ap. *Lib. Rect.*, fol. 36.

de France il n'appartenait à aucun officier public de la ville de Montpellier
de se livrer à des perquisitions chez un de ses docteurs, maîtres ou étudiants, non plus que de procéder à son arrestation, en cas de délit, sans le
consentement ou l'assistance du recteur; ajoutant que, même ces formalités
rémplies, le docteur ou étudiant en état d'arrestation devait être, à la de-
mande de l'évêque de Maguelone, immédiatement remis entre les mains du
pouvoir ecclésiastique, selon la coutume observée de temps immémorial.
Or le bayle ne s'était pas conformé à ces anciens usages. Il avait requis, à
la vérité, l'assentiment et la présence du recteur pour faire rechercher dans
la maison des étudiants soupçonnés du crime en question la malheureuse
victime de leur lubricité. Mais il avait ensuite fait arrêter, sans aucune forme
de procès, Maître Jacques Bruguière sur le seuil de sa demeure, et s'était
refusé à le remettre tout d'abord à l'évêque. L'Université voyait là une atteinte à ses droits, un grave préjudice porté à ses priviléges, et elle en ré-
clamait satisfaction, au lieu de s'unir à l'autorité judiciaire contre les coupables.
Non-seulement elle ne seconda pas l'action de la justice, mais elle permit
à ses suppôts d'injurier en pleine rue, au sortir de la messe, les officiers du
bayle : elle en vint même, avec son immense susceptibilité, jusqu'à ex-
communier à sa façon, jusqu'à priver de ses grades et de ses titres universitaires, l'assesseur de la baylie, dont elle avait, selon apparence, spécialement
à se plaindre; et elle ne craignit pas, qui plus est, de faire afficher cette
sentence d'excommunication sur la porte des églises, et de la faire publier,
un dimanche, devant la foule des fidèles, par le prieur de Saint-Matthieu.

Ce fut, comme on le voit, un conflit des plus vifs. Il est difficile de dire
quelle en eût été l'issue, si le premier-président du parlement de Poitiers,
Jean de Bailly, n'eût ménagé un accord. L'Université désavoua les injures pro-
férées par quelques-uns de ses membres contre les officiers de la cour judiciaire, et retira la sentence d'excommunication fulminée contre l'assesseur de
la baylie, qu'elle voulut bien rétablir dans ses grades et dans ses titres. Mais
on stipula en même temps l'intégralité absolue des droits et privilèges de la
savante corporation, en annulant les exploits du bayle et de ses officiers, et en
confirmant de la manière la plus expresse les libertés et franchises des docteurs et étudiants, passés, présents et futurs. A cette condition, — mais à
cette condition seulement, — l'Université s'engagea à ne plus entraver le cours

de la justice, à l'égard des auteurs de l'abominable enlèvement, objet de la réprobation unanime des habitants de Montpellier[1].

Qu'on juge, par cet exemple, de l'esprit de notre Université de droit au xv⁰ siècle. On trouverait difficilement en France, même à cette époque, un corps où un plus grand amour du privilége se soit allié à une plus sensible décadence.

Ce ne fut pas, du reste, l'unique occasion qu'eut notre École de droit de mettre en lumière l'étroitesse et l'entêtement de ses prétentions. Un conflit analogue éclata, en 1453, entre son syndic et le bayle de Montpellier, et il fallut recourir à une nouvelle transaction, qui limita à peu près de la même manière les attributions respectives des parties contendantes[2].

Nos étudiants avaient beau jeu, avec de pareilles prétentions. Ils ne jouissaient pas toujours de l'impunité pour leurs incartades[3] ; mais, en possession, comme ils l'étaient, de l'avantage de pouvoir se soustraire à la juridiction des tribunaux séculiers, ils ne se trouvaient pas exposés, en cas de délit, à une pénalité aussi rigoureuse. Les juges universitaires excellaient à amoindrir leurs fautes, de peur d'en accroître le scandale, et de compromettre par là l'honneur de la corporation. S'ils avaient été rigides, d'ailleurs, ils auraient déplu aux étudiants, qui n'eussent pas manqué d'aller demander à une autre Université plus d'indulgence. De là, dans la discipline de notre École de droit, un étrange sans-façon ; de là cette vie de plaisir[4], cette for-

---

[1] J'ai publié ce curieux document dans mon *Histoire de la Commune de Montpellier*, III, 406.

[2] *Lib. Rect.*, fol. 101. Transaction du 24 mai 1453.

[3] Un Statut rectoral de 1431, par exemple, a pour objet de protéger contre leurs espiègleries la cloche de l'Université. « Ordinamus ac de novo statuimus, — y dit le recteur Jean d'Aurillac, — de consilio et assensu omnium dominorum consiliariorum, quod nullus, cujuscum- » que ordinis, gradus, status, seu conditionis existat, batellum seu tintinabulum campane » nostre Universitatis, nec claves turris dicte campane, rapere seu amovere, et secum defer- » re, portam et scalam dicte turris frangere, comburere,... nec non bedellum vel campanarium » impedire,... nec non etiam ipsam campanam ultra horas consuetas pro lecturis et actibus » scolasticis, et ob reverentiam Dei, Beate Virginis Marie, et Sanctorum ac Sanctorum ejus » interdum et alias pulsari solitam, sine nostro aut futurorum rectorum consensu et auto- » ritate pulsare presumat, sub pena medie marche argenti, per quemlibet solvende... ». *Lib. Rect.*

[4] Elle est nettement indiquée par un Statut de 1437 *De visitationibus, compotationibus et prandiis per licentiandos vel baccalariandos*,... ut ab illis expensis infructuosis, gulositati-

mation, parmi nos futurs légistes, de la joyeuse société des *béjaunes*, plusieurs fois mentionnée dans le *Liber Rectorum*. Aucune association ne fut mieux organisée pour le désordre ; aucune ne travailla plus gaiement à ruiner la bourse comme la santé de ses adeptes. L'étudiant qui en faisait partie ne devait guère pâlir sur les livres, à en juger par les vieux actes. Cette société des *béjaunes* tomba dans un tel discrédit, qu'il y eut nécessité de l'abolir[1].

On l'abolit en 1465 : mais le relâchement ne s'en était pas moins introduit dans la discipline de notre École, et les ressorts manquaient pour une reprise. Force fut à l'administration municipale de Montpellier, pour enrayer la décadence, de subventionner, en 1510, ou de stipendier, comme on disait alors, quatre régents, officiellement chargés de poursuivre, au profit du maintien de l'œuvre de Placentin, l'enseignement du droit, en assignant à chacun d'eux cinquantes livres de gages annuels[2]. Ce chiffre représentait quelque chose, à une époque où les professeurs titulaires de l'Université de médecine n'avaient eux-mêmes que cent livres d'émoluments[3].

Médiocre palliatif pour relever une situation trop notablement abaissée, et que les troubles religieux de la seconde partie du xvie siècle ne devaient qu'aggraver, en faisant le vide dans nos Écoles. Il était réservé à Henri IV d'y ramener la vie, avec l'ordre et la prospérité.

Notre École de droit, néanmoins, au milieu de cet affaissement, plus imputable à l'état général du pays qu'à elle-même, formait encore des hommes de très-haute valeur. Tel fut, par exemple, Nicolas Bohier, bien connu des juristes par ses nombreux ouvrages, et qui, successivement avocat et professeur à Bourges, mourut, en 1579, président au parlement de Bordeaux. Tels furent aussi Pierre Rebuffi, un de nos plus doctes canonistes,

---

bus inhonestis;... in dispendium dictorum promovendorum et evacuationem bursarum, dicti promovendi sint quicti et immunes.

[1] Voy. mon *Histoire de la Commune de Montpellier*, III, 412. Cf. *Lib. Rect.*, fol. 106. Document du 24 juin 1465.

[2] Documents du 15 novembre et du 15 décembre 1510, ap. *Lib. Rect.*, fol. 320.

[3] Le professeur de la Faculté des arts chargé de l'enseignement des humanités ne percevait alors, de son côté, que trente livres par an. — Le paiement des cinquante livres assignées, en 1510, à chacun de nos professeurs de droit, leur fut maintenu jusqu'à la Révolution. La ville de Montpellier comprenait donc déjà, sous l'ancien régime, la nécessité de faire une part dans son budget à son École de droit.

auteur du *Praxis beneficiorum*, et arrière-neveu du *comte* Jacques Rebuffi
d'illustre mémoire ; Jean Philippi, également recommandable par ses écrits
et par ses emplois ; Étienne Ranchin, à la fois professeur et, à certains
égards, historien de notre Faculté, puisqu'on lui doit une des peintures les
plus vives qui soient restées des troubles qui affligèrent Montpellier en 1562,
et qui y détruisirent, outre les églises et les autres édifices religieux, jusqu'au
bâtiment affecté à notre École de droit.

«C'était, dit-il, partout un immense désordre, à cause des disputes reli-
»gieuses. Et plût à Dieu qu'on se fût arrêté aux controverses ! Mais les
»ennemis de la paix, profitant de ces disputes pour tout entreprendre, sou-
»levèrent le peuple, qui finit par devenir le maître des lois. Forcé était aux
»magistrats de lui céder, et de recevoir chez eux les gens de guerre qu'on
»leur expédiait comme garnisaires. Ils voyaient, sans oser se plaindre, ruiner
»les maisons, les églises, les monastères, les édifices publics, parmi lesquels
»nos Écoles, qui étaient situées hors de la ville, et qui se trouvèrent entiè-
»rement détruites. La tour de l'Université, l'un des plus beaux ouvrages
»qui existât, pour la grandeur et la solidité, fut jetée par terre, avec son
»campanile et sa cloche ; de sorte qu'il ne resta plus que des masures in-
»formes[1].»

VI.

L'École de droit de Montpellier n'avait en 1593, lorsque l'ordre commença
à renaître, que deux régents en exercice, Guillaume Ranchin, fils et succes-
seur d'Étienne Ranchin, dont je viens de rapporter le témoignage relatif à
nos désastres, et Jean Solas. Comme c'était, néanmoins, la seule École de
ce genre en activité dans la région, de tous côtés y arrivaient des étudiants.
Aussi Henri IV comprit-il le besoin de s'occuper d'elle, après avoir donné
ses premiers soins à la restauration des études médicales dans la même ville.
Il éleva de cinquante livres à trois cents livres les gages de chacun de
ses régents[2], qu'il rétablit au nombre de quatre, et déclara professeurs
royaux ; — ce qui ne les empêcha pas d'ajouter à leur traitement ainsi séx-

---

[1] Stephan. Ranchin. *Miscellanea decisionum juris.* Lyon, 1580, Præfat.
[2] Lettres-patentes du 31 mai 1593. Cf. Lettres du 12 août 1594.

tuplé le produit de certaines charges de magistrature. Guillaume Ranchin était, en même temps que professeur, avocat-général à notre Chambre des Comptes, d'où il passa en 1601 à la Chambre de l'Édit en qualité de conseiller ; et Jean Solas cumulait, de son côté, la régence en droit avec les fonctions de juge à la Cour ordinaire.

Le Roi pourvut également à une nouvelle installation de notre École de droit : son siége fut transféré, après une courte station, au Collége Du Vergier ou de la Chapelle-Neuve, — eu égard à la destruction de la tour Sainte-Eulalie, — au Collége Sainte-Anne[1].

Mais c'était sur le personnel professoral qu'il convenait particulièrement de faire porter l'œuvre de la régénération : c'est à cet ordre d'idées que se rattache l'appel de Jules Pacius à Montpellier.

Jules Pacius enseignait alors à Nimes, après avoir professé à Genève, à Heidelberg et à Sedan. C'était un Italien, originaire des environs de Vicence, à la fois jurisconsulte et philosophe, helléniste et hébraïsant. On ne pouvait remettre en meilleures mains la direction de l'École italienne de Placentin. On espérait se consoler, avec la possession de Pacius, de la perte que Montpellier venait de faire d'Isaac Casaubon. La Faculté de droit lui adressa donc, d'accord avec le Conseil de ville, des propositions assez honorables pour qu'il les acceptât.

Pacius ne les accepta pas, toutefois, du premier coup. Le souvenir des mécomptes qu'avait éprouvés Casaubon à la Faculté des arts[2], le fit longtemps hésiter. Bien que la situation eût été réglée en 1600, avant l'ouverture de l'année scolaire, Pacius ne commença ses leçons à Montpellier qu'à la rentrée de 1602. Autour de lui se groupèrent de nombreux disciples, parmi les-

---

[1] Le Collége Sainte-Anne occupait le terrain de la place actuelle du Petit-Scel. C'est à sa démolition, pour cause de vétusté, qu'on doit cette place. Notre École de droit est demeurée là durant quatre-vingts ans, jusqu'à son autre translation, sous Louis XIV, dans le bâtiment du Collége Du Vergier, ou de la Chapelle-Neuve. Elle émigra, cette dernière fois, pour faire place à la cour du Petit-Scel, obligée elle-même de céder son antique résidence aux Jésuites, pour l'agrandissement de leur Collége de Montpellier. Elle avait déjà, au temps de Henri IV, commencé à s'établir au Collége Du Vergier ; mais elle n'y avait fait, cette première fois, qu'une sorte d'apparition.

[2] Voy. mon Étude intitulée *Isaac Casaubon à Montpellier*, dans le tome V des Mémoires de l'Académie des sciences et lettres de Montpellier.

quels s'en trouvaient quelques-uns de grand avenir, notamment Claude Peiresc. C'était la seule Faculté de droit où les jeunes gens de famille protestante pussent étudier librement, et se faire recevoir docteurs, sans profession de foi contraire à leur croyance.

Mais cette exception ne dura guère. Le gouvernement français y mit fin en 1615, en rendant à l'autorité épiscopale une sorte d'omnipotence sur l'Université de Montpellier[1]; et quoiqu'on ait alors plus que doublé les honoraires des régents de notre École de droit, en les élevant à six cent soixante-quinze livres[2], Pacius fut du nombre de ceux qu'indisposa cette atteinte portée à leur indépendance. Il résolut de quitter Montpellier, et en partit, après treize ans de séjour, dans les premiers mois de l'année 1616, pour se rendre à l'Université de Valence, aux bords du Rhône, où on l'accueillit avec empressement[3].

La reprise de l'enseignement du droit canon fut une conséquence de la remise en vigueur de l'autorité épiscopale sur l'Université de Montpellier. Mais on ne la voit, néanmoins, se produire à l'état de fait qu'après le siège de 1622 et l'entrée victorieuse de Louis XIII qui le suivit. Le droit romain jusque-là figurait seul, depuis les troubles religieux du XVIe siècle, sur nos programmes de cours.

C'est le temps où professent, à côté de Jules Pacius et après lui, outre Guillaume Ranchin et Jean Solas déjà mentionnés, Étienne Ramin, Pierre David, Jean Uzillis, Pierre Rebuffi, David Varanda, Georges Crespin, Adrien Rudavel, Pierre Solas, Gaspard Perdrix, Barthélemi Planque, Jean André de Lacroix de Candillargues, et son fils Henri de Lacroix, les modestes contemporains du célèbre légiste Antoine Despeisses, qui eût sans doute éclipsé la plupart d'entre eux dans la carrière professorale. Mais avec le départ de Pacius semblait s'être éteint l'éclat qu'avait reconquis à Montpellier l'enseignement du droit, bien que le nombre des docteurs y dépassât alors deux cents. La plupart

---

[1] Lettres patentes du mois d'août 1613.

[2] Lettres-patentes du mois de juillet 1613. — D'autres lettres-patentes, du dernier jour de février 1617, portèrent ces mêmes gages professoraux à huit cent cinquante livres.

[3] Toute sa famille ne le suivit pas. Une veuve Pacius touchait à Montpellier, en 1700, une modeste pension sur les fonds du Collége Du Vergier, où la Faculté de droit avait alors depuis dix-sept ans transféré de nouveau son installation.

des professeurs que je viens de nommer ne sont guère connus aujourd'hui que par l'honneur qu'ils ont eu de s'asseoir dans la chaire de Placentin. C'étaient le plus souvent des magistrats aimant l'étude, des chanoines frottés de droit, et sachant se partager entre la théologie et la jurisprudence, — jaloux, d'ailleurs, de pouvoir ressaisir, au profit de leur corps, quelque chose de l'ascendant que le clergé avait autrefois exercé sur nos Écoles.

François Bosquet les maintint dans cette voie, lorsque, à partir du 23 juin 1657, il eut pris possession du siége épiscopal de Montpellier, en quittant celui de Lodève. C'était un légiste, et des plus érudits. D'abord juge-royal à Narbonne, sa ville natale, puis procureur-général à Rouen, il avait ensuite rempli successivement les fonctions d'intendant de Guyenne et d'intendant de Languedoc. Il réunissait donc la pratique des affaires à la science jurisprudentielle ; et son caractère d'évêque, joint à la haute vertu qui l'avait porté du Monde vers l'Église, le mettait en possession, en s'ajoutant à ses goûts personnels, de l'autorité nécessaire pour ménager un nouveau relève-ment à notre École de droit.

VII.

Bosquet, pendant plus de dix-neuf ans qu'il administra le diocèse de Montpellier, fit de notre École de droit l'objet de ses soins particuliers. Il commença par obtenir de Louis XIV des lettres-patentes propres à faciliter son œuvre de restauration. Dans ces lettres, de l'année 1658, le Roi disait que, depuis la vacance du siége épiscopal de Montpellier, survenue en 1652, par la mort de Pierre Fenolliet, il s'était produit, au détriment de notre Université, plusieurs abus, soit par un funeste laisser-aller inhérent à la marche des choses humaines, soit par l'effet des guerres civiles ; que la Faculté de théologie était à Montpellier sans exercice ; que celle de droit n'avait ni élèves, ni leçons publiques ; que celle de médecine s'épuisait en procès, en divisions intérieures ; que les Colléges destinés au recrutement de ces Écoles se trouvaient affectés à des usages profanes, et tombaient en ruine.

Louis XIV, pour remédier à cet état de choses, ordonnait à l'évêque de procéder en personne à l'inspection de l'Université, dont il était à la fois le chancelier, le juge et le conservateur. Il lui prescrivait d'appeler devant lui les prieurs des docteurs et les professeurs des diverses Facultés, les maîtres ès-arts, les directeurs et employés des Collèges ; de leur enjoindre de lui remettre les titres de fondation, les statuts, règlements et autres actes relatifs à l'Université dans son ensemble, Facultés et Collèges ; d'examiner toutes ces pièces, d'entendre les recteur, prieurs et professeurs, puis de pourvoir à une réforme générale.

L'évêque ne précipita rien. Lorsqu'il eut mûrement étudié la question pour la Faculté de droit, il en réunit, le 20 avril 1659, le recteur, le prieur et les professeurs, et il leur exposa qu'après avoir pris connaissance du *Livre des recteurs* et du *Livre du prieur* qu'on lui avait confiés, il avait reconnu qu'à l'époque la plus prospère de l'École, où elle comptait de nombreux étudiants, l'observation des Statuts, relativement à l'élection du recteur et du prieur, n'offrait aucune difficulté ; mais qu'on en était venu maintenant, faute d'étudiants véritables, à prendre pour recteur et pour conseillers les élèves du collège des Jésuites ; qu'il conviendrait mieux, pour l'honneur de la Faculté, de déférer à l'avenir ces fonctions à des licenciés et à des docteurs, — ou bien, suivant l'usage de l'Université de Toulouse, aux professeurs, qui les rempliraient à tour de rôle.

Bosquet fut même d'avis de rattacher au professorat la charge de prieur. Cette charge avait eu, selon lui, sa raison d'être, quand tous les docteurs pouvaient librement enseigner : il n'était pas alors inutile qu'ils élussent annuellement l'un d'entre eux pour surveiller et diriger l'enseignement et les divers actes de l'Université. Mais depuis l'institution des chaires royales par Henri IV, le maintien de ce régime ne s'expliquait plus.

Ce programme de réformes reçut l'approbation générale, et, le 25 du même mois (avril 1659), on élut, pour s'y conformer, un nouveau recteur. Le prieur et les professeurs royaux, procédant en présence de l'évêque, nommèrent au rectorat ainsi modifié François de Beauxhostes de Roannel, grand-archidiacre de Montpellier, et docteur en l'un et l'autre droit. Puis, le 1er mai, ce nouveau recteur s'étant adjoint au prieur alors en fonctions et aux professeurs, pour un second vote, on proclama prieur François de Rignac, procureur-général à la Cour des Aides. L'évêque reçut le serment des deux élus, et le Conseil d'État prescrivit, en sanctionnant leur élection, qu'à l'avenir le même mode serait observé.

L'arrêt du Conseil porte la date du 20 mars 1660. Il y est spécifié que le grand-archidiacre de Beauxhostes de Roannel est nommé recteur, à raison de la coutume qui donne cette charge alternativement à un ecclésiastique et à un laïque; que cette année-ci c'est le tour de l'ecclésiastique; qu'il appartient au prieur, selon les anciens Statuts, de faire l'examen appelé *secret* des candidats aux grades, de s'enquérir de leurs vie et mœurs, d'assister aux actes qui avant les ravages de l'hérésie avaient lieu dans les églises ou dans le palais épiscopal; que devant le prieur, précédant l'ensemble des docteurs, on porterait, comme autrefois, une masse d'argent, aux armes du pape et à l'effigie de Placentin; que le prieur assisterait aux messes et aux divers exercices de la Faculté, avec les mêmes prérogatives que jadis.

Ainsi furent approuvées par le pouvoir royal les réformes de Bosquet.

L'évêque, encouragé par cette haute sanction, alla plus loin. Le 22 mai 1667, il dénonça à la Faculté les abus qui se commettaient dans la délivrance des lettres de baccalauréat et autres certificats. Il fit entendre que ces lettres étaient parfois expédiées sans aptitude bien constatée, et même, qui plus est, sans examen réel : ce qui amena à décider qu'à l'avenir les professeurs feraient un examen en règle, et signeraient trimestriellement par tour les lettres de bachelier, à commencer par le plus ancien d'entre eux, Pierre Rudavel; que, pour mieux obvier à la fraude, toutes les lettres, soit de baccalauréat, soit d'autres grades, seraient transcrites sur un registre spécial, où signeraient le recteur, le professeur qui les aurait délivrées, et l'impétrant, assisté de deux témoins connus et irréprochables.

Ces réformes étaient sérieuses et appropriées aux circonstances. Mais les abus étaient enracinés, et l'intérêt personnel, fortifié de l'esprit de parti, en contraria, dès le principe, la suppression.

A peine venait-on de statuer sur le nouveau mode d'élection du prieur de la Faculté de droit, qu'en présence même de l'évêque réformateur on élisait prieur l'avocat Jean Uzillis, parce qu'il suivait immédiatement, selon l'ordre d'ancienneté, le prieur sortant, De Boirargues. C'était vouloir remettre en vigueur, presque par force, un règlement de 1587, qui n'avait d'autre raison d'être qu'un usage de circonstance, et dont l'arrêt du Conseil du 20 mars 1660 rendait impossible le maintien.

Bosquet ne vit rien de mieux, pour paralyser cette ténacité de la routine, que de faire au pouvoir royal un second appel ; et Louis XIV, cette fois, pour maîtriser de plus haut les contradicteurs, généralisa son action. Un arrêt du Conseil, du 23 octobre 1667, défendit aux Universités du Royaume de nommer aucuns professeurs et agrégés jusqu'à nouvel ordre, et enjoignit, pour ce qui concernait particulièrement Montpellier, à l'évêque et à l'intendant de la province, de donner conjointement leur avis sur les abus universitaires de leur ressort, en signalant les moyens propres à y remédier.

Ce recours simultané au pouvoir épiscopal et à l'autorité administrative annonçait, de la part du gouvernement, la ferme intention d'en venir, en suspendant toute résistance, à la constitution d'un régime uniforme, pour améliorer en France la pratique de l'enseignement supérieur.

En vertu de cet arrêt, l'évêque Bosquet et l'intendant de Bezons se firent remettre et étudièrent les statuts et titres divers des Facultés et des Collèges, et de cette enquête sortit, au bout de dix-huit mois, un Rapport d'ensemble qui fut envoyé au Roi.

Ce Rapport établissait, quant à la Faculté de droit de Montpellier, — la seule dont j'aie à m'occuper ici, — qu'elle était composée d'un chancelier, l'évêque, chef et conservateur de ses priviléges ; d'un recteur, d'un prieur, de quatre professeurs enseignant le droit civil et le droit canon ; et de nombreux docteurs, disséminés dans les divers corps judiciaires et ecclésiastiques de Montpellier, présidents, conseillers, chanoines, trésoriers, etc., divisés en quatre classes, dont chacune à son tour assistait à l'examen des aspirants aux grades, et opinait suivant le rang sur leur réception[1]. Il indiquait la

---

[1] Modification nécessaire des Statuts de 1339, qui avaient admis tous les docteurs à *lire* et à argumenter dans les examens, mais que ne permettait plus d'observer l'accroissement considérable du nombre de nos docteurs en droit. Aussi avait-on, dès 1441, réservé la participation aux examens aux régents et aux docteurs en exercice. Le désordre scolaire auquel donna lieu à Montpellier la perturbation religieuse et civile occasionnée par l'essor du Protestantisme, rendit à tous les docteurs indistinctement une part personnelle dans la collation des grades, et la Faculté se vit obligée, en 1587, de réduire le nombre des examinateurs à douze, c'est-à-dire au recteur, au prieur des docteurs, aux quatre régents, et à six docteurs ordinaires, auxquels on en adjoignit six autres en 1592. Bientôt après, il fallut grossir encore le chiffre de ces derniers, et ce fut alors qu'on distribua en quatre classes les cent soixante ou cent quatre-vingts docteurs que notre Faculté de droit comptait, vers la fin du xvie siècle. Cha-

manière dont se recrutaient les professeurs, réglée par un arrêt du parlement de Toulouse de 1618; le chiffre de leur traitement; la forme des examens; la dépense qu'ils imposaient aux récipiendaires, savoir: pour chaque doctorat en droit civil ou en droit canon trente livres dix sous, pour chaque licence dix-huit livres, pour la licence et le doctorat réunis quatre-vingt-quatre livres dix sous. Outre ces droits fiscaux, on distribuait, suivant l'habitude, des boîtes de dragées et des gants à tous les opinants. Pour le baccalauréat, c'était une modeste consignation de dix livres.

Le Rapport décrivait ensuite l'état des bâtiments du Collége des lois, ou Collége Sainte-Anne, que l'évêque et l'intendant avaient minutieusement visité; — vieux petit édifice n'offrant au rez-de-chaussée que deux pièces humides, au-dessus desquelles existaient deux chambres délabrées. La salle affectée à la réception des docteurs, aux concours et aux leçons, était de médiocre étendue. Vieux aussi, mais plus solide, leur apparaissait le Collége Du Vergier ou de la Chapelle-Neuve: pauvre maison, à peine suffisante, disaient-ils, aux quatre boursiers que le fondateur lui avait, deux siècles précédemment, assignés pour hôtes.

Il était encore possible, toutefois, de continuer dans ces masures, faute de meilleur local, l'enseignement du droit: mais il importait d'y introduire d'utiles réformes; et voici celles que proposaient, après avoir mûrement approfondi la question sur les lieux mêmes, les commissaires royaux.

Relativement au baccalauréat, le candidat devrait avoir étudié deux ans dans la Faculté, et avoir assisté durant ce temps à deux leçons par jour, au moins. Il devrait exhiber ses cahiers, écrits de sa main, et revêtus, à la fin de chaque année, du visa du professeur et de l'attestation de quatre étudiants. Il présenterait, en outre, un extrait du registre de matricule le concernant. Il serait examiné par les professeurs, conformément à l'usage, en présence de l'évêque, ou du vicaire-général délégué. — Pour la licence et le doctorat, les prétendants seraient astreints à une troisième année d'étude, au bout de laquelle ils seraient examinés par quatre docteurs, sur les points donnés par l'évêque-chancelier, ou par le vice-chancelier, et feraient, de

---

cune de ces quatre catégories en renfermait une quarantaine, et avait par tour voix et suffrage pour les promotions à la licence et au doctorat.

l'avis des docteurs, un autre acte public, en deux séances, de la même manière que pour le baccalauréat. — Quant aux chaires, elles seraient, en
cas de vacance, mises au concours, ou à la dispute, comme par le passé.
Les compétiteurs s'abstiendraient de toutes brigues ou sollicitations, sous
peine de perdre leurs grades et de se voir exclus du concours; et les juges
attesteraient, avant le vote, n'avoir été influencés par personne.

Afin de prévenir de trop longues interruptions dans les études, les vacances seraient à l'avenir de six semaines au plus. Les professeurs feraient
quotidiennement leur cours avec assiduité, sans pouvoir se faire suppléer
qu'en cas de maladie ou d'empêchement bien constaté. Le suppléant serait
alors autorisé par l'évêque, ou par le vice-chancelier, et par l'assemblée des
professeurs. Le paiement des gages ou honoraires s'effectuerait d'après un
certificat de l'évêque et des professeurs, établissant la stricte régularité des
leçons faites. A défaut d'exercice annuel rigoureusement prouvé, le professeur
pris en faute serait déclaré déchu de sa chaire. On s'assemblerait le premier
jour de chaque mois, pour délibérer sur les affaires de la Faculté; et, à l'ouverture des vacances, on ne se séparerait pas sans avoir fixé le sujet des
cours de l'année suivante.

Telles furent les propositions formulées par l'évêque et l'intendant pour
le relèvement de notre Faculté de droit.

L'évêque, en attendant qu'elles fussent agréées en haut lieu, ménagea un
commencement de réforme par une ordonnance particulière, qu'il publia au
mois de mai 1669. Elle avait pour objet de remédier spécialement à deux
abus.

Le premier dénaturait l'*examen privatum* qui précédait l'épreuve publique,
et devait se faire secrètement. Ce mode d'épreuve sauvegardait l'amour-
propre du candidat. Un petit nombre de juges y suffisait, le candidat devant,
aux termes des Statuts, être examiné *a domino priore, coram uno aut
altero professore*: trois juges au maximum. Or, on s'était mis à enfreindre
ce règlement; on conviait parfois à l'examen jusqu'à trente docteurs, à chacun desquels il fallait donner une boîte de dragées ; cause de ridicule dépense
pour le candidat. — Le second abus se remarquait à propos de la licence
et du doctorat. Les docteurs ordinaires, distribués en quatre classes, s'étaient
maintenus dans l'usage de prendre part à ces épreuves; et chacune de ces

classes comprenait plus de cinquante docteurs. On négligeait de rectifier les listes ; on y lisait les noms de docteurs décédés, ou absents du pays, pour lesquels néanmoins, par le seul fait de la présence de leur nom sur la liste où ils figuraient, le récipiendaire avait à consigner entre les mains du prieur une boîte de dragées et la paire de gants traditionnellement due à ses juges : occasion d'autres dépenses superflues qui éloignaient de la Faculté de droit de Montpellier un certain nombre de candidats.

L'ordonnance épiscopale du mois de mai 1669, afin de mettre un terme à ces singulières exigences, établit qu'on n'appellerait dorénavant à l'*examen privatum* que trois docteurs au plus, en dehors du prieur et des professeurs indiqués ; que le candidat donnerait à chacun d'eux une boîte de dragées, d'une livre, boîte comprise, et à chacun des vice-chancelier, recteur, prieur, et des quatre professeurs ordinaires maintenus dans la composition du jury, un pain de sucre de trois livres ; le tout devant être remis entre les mains du prieur la veille du jour où il donnerait *la loi*, c'est-à-dire le texte destiné à l'examen. — Quant au doctorat et au personnel des docteurs, l'évêque, pour apurer les listes des quatre classes, voulait qu'on en éliminât les morts, les absents, ceux qui auraient quitté la robe ; que de ces quatre classes alors existantes on formât six classes, dont chacune ne comprendrait pas plus de vingt docteurs, et se compléterait par l'admission de nouveaux venus, à mesure que s'y produiraient des vides, par décès ou autrement. — Au sujet des boîtes de dragées et des gants dus à la classe dont ce serait le tour, il enjoignait de les déposer au Conclave, la veille du jour fixé pour l'examen, dans un coffre spécialement affecté à cet usage, dont le prieur prendrait la clef, pour la remettre au secrétaire le jour même de la collation du grade ; que le secrétaire les distribuerait, après le vote, aux docteurs présents et opinants ; que cette clef irait ensuite au récipiendaire, pour lui permettre de retirer ce qui de son dépôt resterait sans emploi, par suite des absences, — chaque boîte de dragées continuant, du reste, à être du poids d'une livre.

Bosquet modérait ensuite à quatre-vingts livres l'ancienne consignation en numéraire de cent quatre livres quinze sous, et il en faisait ainsi la répartition : au vicaire-général, vice-chancelier, neuf livres ; au recteur trois livres ; au prieur quatre livres ; aux quatre professeurs trente-six livres, neuf livres à chacun ; à celui d'entre eux qui donnerait le bonnet doctoral cinq livres, outre les neuf livres déjà marquées ; pour les réparations du Collège de droit cinq livres, dont le secrétaire prendrait charge et rendrait compte ; au secrétaire de l'évêque six livres ; à celui de l'Université deux livres ; aux deux bedeaux dix livres. Enfin le prélat-chancelier prescrivait, pour le syndic de la Faculté, les deux secrétaires et les deux bedeaux, la consignation de cinq boîtes de dragées et de cinq paires de gants pareilles à celles des docteurs de la classe en exercice ; d'une boîte de deux livres et d'une paire de gants parfumés pour le vice-chancelier, le recteur, le prieur et chacun des quatre professeurs.

Ces mesures de l'évêque, dictées par un sentiment de minutieuse justice, ne furent pas du goût des docteurs ordinaires. L'autorité royale pouvait seule en faire prévaloir l'esprit, en donnant à l'enseignement du droit, avec un système nouveau, une organisation plus conforme aux besoins de l'époque. L'honneur de Bosquet est d'avoir contribué à la préparation de ce système, que Louis XIV devait inaugurer dix ans plus tard.

Dès 1673, pour mettre ordre aux intrigues qui se mêlaient parfois au renouvellement du personnel, un arrêt du Conseil d'État portait qu'en cas de vacance d'une chaire la Faculté désignerait au Roi trois candidats dont l'aptitude aurait été reconnue par le chancelier et par les professeurs, à la suite d'un concours[1]. Mesure très-salutaire déjà, dont Bosquet ne vit que la première application, lors de la nomination du professeur Noël Loys, en 1675. — Car Bosquet mourut le 24 juin 1676.

VIII.

Au mois d'avril 1679, parut l'édit en vingt articles, qui réglementait l'enseignement du droit dans le Royaume. En voici les principales dispositions.

On enseignera, dans toutes les Universités pourvues d'une Faculté de droit, le droit canonique et le droit civil. — Afin d'arriver à une réorganisation générale, chaque Faculté s'assemblera, et formulera un avis sur les moyens les plus propres à rétablir les études. — Les professeurs explique-

---

[1] Arrêt du Conseil, du 20 octobre 1673.

ront dans les Écoles « les textes du droit civil et les anciens canons qui servent de fondement aux libertés de l'Église gallicane ». — Défense à tous autres qu'aux professeurs d'enseigner publiquement le droit canonique et civil, sous peine de trois mille livres d'amende et de perte de leurs grades. — Pendant les trois années qui prépareront à la licence, chaque étudiant assistera à deux leçons par jour, et tiendra des cahiers, auxquels les professeurs apposeront ensuite leur visa. — On prendra régulièrement quatre inscriptions par an. — Pour le baccalauréat, on subira, après deux années d'études, un examen particulier, et on soutiendra durant deux heures une thèse publique. — Pour la licence, il y aura, à la fin de la troisième année, un examen particulier, et un acte public qui durera trois heures. — Pour le doctorat, l'acte public sera de quatre heures, un an après la licence. — Les ecclésiastiques n'aspirant qu'aux grades en droit canon n'auront à répondre que sur les matières de ce droit-là. — A la suite de vingt ans d'enseignement, les professeurs seront admissibles sans examen à toutes les charges de judicature. — Le droit français, tel qu'il est contenu dans les ordonnances et dans les coutumes, sera publiquement enseigné, et le Roi en nommera lui-même les professeurs[1].

Ainsi prescrivait l'édit du mois d'avril 1679.

Il produisit à Montpellier un véritable élan. On n'y avait reçu que deux docteurs en 1667, que trois docteurs en 1669, après n'en avoir eu aucun en 1668 ; que sept docteurs en 1670 et 1672 ; que six docteurs en 1671 ; que quatre docteurs en 1673 ; que huit docteurs en 1675 ; que six en 1676, 1677, 1678. On en reçut vingt-cinq en 1679.

Daguesseau, alors intendant de Languedoc, assembla les membres de la Faculté, pour délibérer, conformément à l'édit, sur le règlement spécial que le Gouvernement avait en vue de leur donner, et de cette délibération sortit un petit code de nouveaux statuts, que le Conseil d'État devait revêtir de son approbation, pour avoir force de loi dans la savante Compagnie.

Ce qui caractérisera particulièrement cette reconstitution de notre École de droit, ce sera la création de la chaire de droit français, dont elle va être dotée, suivant l'édit du mois d'avril 1679 ; et ce sera aussi l'introduction de

---

[1] Voy. le texte de ces Lettres, ap. Jourdain, *Histoire de l'Université de Paris*, II, 107.

docteurs agrégés dans son sein [1]. On lui annexera, en outre, une chaire de mathématiques, en faveur d'un de ses nouveaux docteurs, Nicolas Fizes. Il n'y avait pas encore de Facultés des sciences, et un docteur en droit ne paraissait avoir mieux sa place pour enseigner même les mathématiques, que dans sa propre Faculté [2].

Le complément de la réorganisation mentionnée se trouvera, après l'arrêt du Conseil d'État du 16 juillet 1681, dans les déclarations du 6 août 1682, du 17 novembre 1690, et du 20 janvier 1700.

L'arrêt du Conseil du 16 juillet 1681 est un document fondamental, qui ne comprend pas moins de quarante-neuf articles. Il concerne à la fois la fixation du personnel de la Faculté ; la nomination du recteur, du prieur et du syndic ; le remplacement des professeurs et des docteurs agrégés ; les assemblées de la Faculté ; les leçons des professeurs de droit civil et de droit canon ; les nouvelles fonctions du professeur de droit français ; les épreuves des étudiants, et le tarif des droits à payer pour la collation des grades. Voici, sous forme d'analyse, cet ensemble.

Le corps de la Faculté se compose du chancelier, du vice-chancelier, du recteur, du prieur, des docteurs ordinaires, de quatre professeurs de droit civil et de droit canon [3], d'un professeur de droit français, de huit docteurs agrégés, et du syndic. Ces divers membres seront convoqués à toutes les assemblées, et, à l'exception du syndic, qui ne peut que requérir, ils y auront voix délibérative.

La présence des docteurs agrégés ne devait, du reste, porter aucune atteinte aux prérogatives des professeurs. Quant au chancelier, c'est toujours, comme précédemment, l'évêque diocésain, ou, en cas de vacance du siège épiscopal de Montpellier, le grand-archidiacre ; et la charge de vice-chancelier est toujours également dévolue à un vicaire-général.

Le nombre des membres de notre Faculté de droit se trouvait donc fixé à

[1] Voy., ap. Jourdain, *Hist. de l'Univ. de Paris*, II, 112, l'arrêt du Conseil d'État du 23 mars 1680, instituant les docteurs agrégés dans les Facultés de droit du Royaume.

[2] Voy. ma Notice sur un professeur de mathématiques sous Louis XIV, ap. *Mémoires de l'Académie des Sciences et Lettres de Montpellier*, Lettres, II, 153.

[3] Il n'y avait que six professeurs à la Faculté de droit de Paris. Voy. Jourdain, *Hist. de l'Univ. de Paris*, II, 110.

dix-huit, mais, en fait, il n'était que de quinze; car la Faculté, appelée à désigner elle-même chaque année le recteur, le prieur et le syndic, s'habitua à ne prendre le recteur et le prieur que parmi les professeurs et les agrégés, et à réserver à ces derniers seulement la charge de syndic, malgré les dispositions formelles prescrivant d'y faire participer les autres docteurs.

La nomination du recteur continuerait d'avoir lieu le 2 février, à la pluralité des voix, par le corps de la Faculté, — mais seulement parmi les professeurs, les agrégés et les autres docteurs; système beaucoup moins démocratique que celui dont les Statuts de 1339 avaient consacré l'usage. La nomination du syndic se ferait le 1er mai, par le même corps, et dans les mêmes catégories d'éligibles. Les attributions de ce fonctionnaire seraient de veiller à l'observation des règlements, ainsi qu'au maintien de la discipline générale.

On mettrait au concours, selon la manière accoutumée, les chaires de droit civil et de droit canon, à mesure qu'elles deviendraient vacantes. Les candidats ne pourraient y prétendre qu'en justifiant du grade de docteur, et de l'âge de trente ans accomplis. Cependant le Roi n'empêchait pas la postulation, c'est-à-dire la nomination immédiate, si elle avait lieu par bulletins secrets, avec unanimité de choix. Les officiers de judicature ne pourraient être élus aux chaires, ni les professeurs être pourvus d'autres charges judiciaires, que de celle d'avocat du Roi au siège de la Faculté. On admettait toutefois à pouvoir devenir professeurs les magistrats du même siège qui se seraient dessaisis de leur office. Les lectures des concurrents et leurs soutenances de thèses se feraient en dehors des heures des leçons, afin que tous les membres de la Faculté pussent y assister.

Les docteurs agrégés devront prendre part à toutes les asemblées et à toutes les délibérations, avec les professeurs, sur le suffrage desquels, néanmoins, leur vote ne pourra prévaloir. En cas de division, le président aura voix conclusive, excepté quand on votera par bulletins. Les agrégés siégeront à la suite des professeurs, par rang d'ancienneté. En cas de vacance de l'une de leurs huit places, la Faculté y pourvoira au scrutin secret. L'élu devra être docteur en droit, avoir au moins trente ans, et réunir les deux tiers des suffrages[1]. Il en sera de même pour le remplacement d'un agrégé qui pen-

---

[1] Une déclaration royale du 7 janvier 1703 réduit à vingt-cinq ans l'âge exigible des concurrents pour l'agrégation, et veut qu'ils soient nommés à la simple majorité des suffrages.

dant six mois consécutifs se serait dispensé de son service, sans raison légitime.

Les assemblées ordinaires de la Faculté se tiendront le premier jeudi de chaque mois : mais on pourra se réunir extraordinairement, lorsqu'il y aura urgence. Toutes les délibérations seront couchées sur un registre, que signeront les membres présents.

Les professeurs, soit de droit civil, soit de droit canon, ouvriront annuellement leur cours le lendemain de la Saint-Luc, et le continueront tous les jours, le jeudi et les fêtes de l'Église exceptés, pour ne le finir qu'à l'Assomption[1]. Chaque leçon durera une heure et demie : une heure pour la dictée et l'explication, une demi-heure pour l'interrogation et la discussion. Il y aura chaque jour trois leçons de droit civil; deux le matin successivement, de huit à onze heures; une autre l'après-midi, commençant à une heure, et suivie d'une leçon de droit canon. L'un des professeurs expliquera, trois ans de suite, les quatre livres des *Institutes* et la première partie du *Digeste*.

---

[1] Avant cet arrêt du 16 juillet 1681, les vacances commençaient le 1er août, et duraient jusqu'au 12 novembre, lendemain de la Saint-Martin ; et on ne comptait pas moins, outre cela, de quarante et un jours fériés dans l'année scolaire : six en janvier, cinq en février, cinq en mars, trois en avril, cinq en mai, trois en juin, six en juillet, trois en novembre, cinq en décembre ; quarante et un jours chômés en neuf mois, savoir : *Janvier*, le 14, en commémoration des morts ; le 17, saint Antoine ; le 20, saint Fabien et saint Sébastien ; le 22, saint Vincent ; le 25, conversion de saint Paul ; le 29, saint François de Sales ; — *Février*, 2, Purification de la sainte Vierge, fête solennelle dans la chapelle du Collége de Droit ; 3, saint Blaise ; 12, sainte Eulalie ; 22, chaire de saint Pierre à Antioche ; 24, saint Mathias ; — *Mars*, 7, saint Thomas d'Aquin ; 12, saint Grégoire, pape ; 19, saint Joseph ; 21, saint Benoît ; 25, Annonciation ; — *Avril*, 4, saint Ambroise ; 25, saint Marc ; 29, saint Pierre, m. ; — *Mai*, 1er, saint Jacques et saint Philippe ; 3, invention de la sainte Croix ; 6, saint Jean Porte-Latine ; 9, translation de saint Nicolas ; 19, saint Yves ; — *Juin*, 11, saint Barnabé ; 24, nativité de saint Jean ; 29, saint Pierre et saint Paul ; — *Juillet*, 2, Visitation de la sainte Vierge ; 20, sainte Marguerite ; 22, sainte Madeleine ; 25, saint Jacques ; 26, sainte Anne ; 31, saint Germain ; — *Novembre*, 21, Présentation de la sainte Vierge ; 25, sainte Catherine ; 30, saint André ; — *Décembre*. 4, sainte Barbe ; 6, saint Nicolas ; 8, Conception de la sainte Vierge ; 13, sainte Luce ; 21, saint Thomas. — A quoi il faut ajouter les *Vacations de Noël*, depuis le jour de saint Thomas jusqu'au lendemain de l'Épiphanie ; celles du Carnaval, depuis le jeudi de la sexagésime jusqu'après les Cendres ; celles de Pâques, depuis le dimanche des Rameaux jusqu'au mercredi de Quasimodo ; celles des Rogations et celles de l'octave de la Pentecôte.— 169 jours chômés, c'est-à-dire plus de la moitié de l'année, si l'on tient compte des dimanches à adjoindre à cette énumération générale.

Deux autres étudieront, trois ans de suite aussi, le reste du *Digeste*, en s'attachant à retracer comparativement les progrès et les variations de la jurisprudence pour les principales matières. Le professeur de droit canon enseignera, de son côté, pendant deux ans, les *Décrétales* de Grégoire IX, en les rapprochant du *Decretum* de Gratien.

Le premier jeudi de juillet, se réglera l'ensemble de l'enseignement pour l'année suivante, en conservant aux professeurs les plus anciens le choix des sujets et des heures, conformément à l'usage. En cas de maladie ou d'autre empêchement légitime, le professeur désignera parmi les agrégés un suppléant; mais si la chaire est vacante par décès du titulaire, ce sera le corps de la Faculté qui nommera l'agrégé appelé à faire le cours.

Vient ensuite, dans l'arrêt du Conseil du 16 juillet 1681, la mention d'un professeur inaugurant les leçons de l'année académique, le 18 octobre, par un discours d'apparat, après une messe solennelle. Puis figurent dix-sept articles relatifs à la collation des grades.

Les étudiants ne seront admis aux cours des Facultés de droit qu'après avoir achevé leur rhétorique et leur philosophie. Tous les jeudis, du 1er juin au 15 août, la Faculté s'assemblera pour lire les demandes des aspirants au baccalauréat ou à la licence, et pour leur assigner des examinateurs. On ne pourra poser sa candidature au baccalauréat qu'après le premier juin de la seconde année d'étude, et à la licence qu'à pareille époque de la troisième année. Pour le baccalauréat, les thèses, dont la Faculté aura indiqué le sujet, seront soutenues dans le délai d'un mois, sous peine d'avoir à changer de matière. Quant à la licence, le choix des sujets de thèse appartiendra au vice-chancelier pour le droit canon, et au prieur pour le droit civil. La soutenance aura lieu publiquement, au bout de huit jours.

Deux professeurs de droit civil ou de droit canon, par tour, et deux agrégés, tirés au sort parmi ceux qui assisteront à l'assemblée, procéderont, dans la semaine de leur désignation, à l'examen de l'aspirant, soit au baccalauréat, soit à la licence, le jour marqué par le professeur le plus ancien. Ils émettront leur suffrage par voie de scrutin secret. Professeurs et agrégés présideront alternativement, « et par tour entre eux », aux thèses de baccalauréat. Aux professeurs seuls appartiendra la présidence des thèses de licence et de doctorat, par ordre d'ancienneté. Le président en fonctions aura droit aux honneurs immédiatement après le chancelier, le vice-chancelier, le recteur et le prieur, et avant les professeurs, les agrégés, et les autres docteurs.

Les bacheliers et les licenciés seront présents à tous les actes. Six d'entre eux, nommés à tour de rôle par le président, argumenteront aux actes de baccalauréat et de licence, indépendamment des autres confrères désireux de se mêler à l'examen. A leur suite disputeront des agrégés désignés par tour, deux à l'acte de baccalauréat, quatre à l'acte de licence. Le candidat ne sera reçu qu'avec les deux tiers des voix.

En ce qui concerne le grade de docteur, les candidats devront, un an après la licence, traiter en public une question de droit civil et une autre de droit canon, puis soutenir deux thèses sur des sujets donnés, comme pour la licence, par le vice-chancelier ou par le prieur. Le vice-chancelier, le recteur, le prieur et tous les docteurs, agrégés ou autres, assisteront aux épreuves, et y argumenteront, selon l'ordre de leur réception.

Les thèses des ecclésiastiques ne rouleront, pour le baccalauréat, la licence ou le doctorat, que sur le droit canon. Ceux de la Religion réformée, n'étant pas tenus de suivre les cours de droit canon, feront leurs thèses sur le droit civil.

Neuf articles de l'arrêt du 16 juillet 1681 regardent le droit français, branche capitale d'enseignement déjà. Aussi le professeur qui la représenterait devait-il être nommé par le Roi, et siéger entre le doyen de la Faculté et le sous-doyen, sans pouvoir toutefois devenir jamais doyen, ni participer aux émoluments des autres professeurs. Il jouirait des mêmes honneurs qu'eux, des mêmes prérogatives et avantages, porterait le même costume, pourrait être recteur à son tour, assister à toutes les assemblées, avec voix délibérative. Il recevrait, après vingt ans d'exercice, des lettres-patentes qui lui donneraient droit de séance honoraire au siège présidial, à la suite du doyen des conseillers, et voix délibérative dans toutes les affaires, — le Roi se réservant d'ailleurs d'abréger les vingt ans, en faveur du mérite et des services personnels.

Ce nouveau professeur devait commencer son cours le lendemain de la Saint-Martin, — trois semaines après les autres membres de la Faculté, — et le terminer à la fin d'août, — quinze jours après eux. Il devait dicter et expliquer pendant une heure et demie, mais en français, et exercer ensuite ses élèves, durant une demi-heure, par des répétitions et des interrogations. Il consacrerait le premier semestre à l'étude raisonnée et comparative des ordonnances royales, et emploierait le reste de l'année à celle du droit féodal et coutumier.

Il faudra, pour être nommé professeur de droit français, avoir rempli, au moins pendant dix ans, les fonctions d'avocat avec distinction, ou bien avoir, durant le même temps, exercé honorablement quelque charge de judicature. En cas de vacance de la chaire, une liste de trois candidats sera présentée au chancelier de France par le juge-mage de Montpellier, de concert avec l'avocat et le procureur du Roi au présidial. Au moment du décès du titulaire, la Faculté nommerait, pour faire l'intérim de l'enseignement du droit français, un agrégé qui percevrait des émoluments proportionnels.

Nul ne serait reçu à la prestation du serment d'avocat, si, pendant l'une de ses trois années d'étude, il n'avait suivi le cours de droit français.

Le dernier article de l'arrêt du Conseil fixe comme il suit les sommes à payer par les bacheliers, les licenciés et les docteurs, lors de leur prise de grade :

Baccalauréat. Pour l'attestation de deux années d'étude, trois livres ; pour l'examen, trois livres à chacun des quatre examinateurs ; pour l'acte et les lettres ou le diplôme, quarante-quatre livres. Total cinquante-neuf livres.

Licence. Pour le certificat de troisième année d'étude, trois livres ; pour l'examen, douze livres ; pour l'acte et les lettres, soixante-dix livres. Total quatre-vingt-cinq livres.

Une moitié de ces sommes se paierait au moyen des inscriptions ; l'autre moitié en prenant les grades.

Doctorat. Pour l'acte et les lettres, quatre-vingt-seize livres.

Outre ces droits, dévolus à la caisse de la Faculté, il serait payé aux docteurs agrégés vingt-quatre livres pour le baccalauréat, et autant pour la licence, — avec cinq livres en sus, affectées au professeur de droit français pour la délivrance de son certificat d'étude[1].

---

[1] Ces diverses dispositions devinrent pour la Faculté de droit de Montpellier l'objet d'un Règlement particulier.

L'arrêt du Conseil du 16 juillet 1681 ne supprime, du reste, ni ne modifie en rien les précédentes redevances en nature. Le recteur, le syndic et le cathédrant continueraient de recevoir, selon l'ancien usage, un pain de sucre à chaque baccalauréat. Le licencié persisterait à donner quatre pains de sucre, partageables entre les deux professeurs cathédrants, le prieur des docteurs et le professeur de droit français ; — le nouveau docteur, un pain de sucre à chacun des docteurs opinants à la soutenance de sa thèse. Les revenus de chaque professeur en droit civil ou canon étaient d'ailleurs depuis longtemps fixés à six cent soixante-quinze livres, non compris trois minots de sel, à titre de franc-salé, évalués soixante-quinze livres, ni les cent vingt-cinq livres fournies par le diocèse, ni les cinquante livres octroyées par la ville, ce qui constituait annuellement neuf cent vingt-cinq livres.

Quant au professeur de droit français, un arrêt spécial, également daté du 16 juillet 1681, établit qu'en attendant l'allocation de fonds spéciaux, il jouirait des gages de la première chaire vacante, — le professeur nommé à celle-ci devant demeurer sans traitement autre que l'éventuel, jusqu'à la vacance d'une seconde chaire ; de telle sorte que le dernier venu des professeurs, soit de droit civil, soit de droit canon, soit de droit français, ne commencerait à obtenir de rétribution fixe que lorsqu'une vacance de chaire se produirait postérieurement à sa nomination.

Tels sont, dans leurs principales dispositions, les deux arrêts du Conseil du 16 juillet 1681. C'est, comme on le voit, toute une nouvelle codification destinée à régler l'état du personnel, en même temps que l'administration de notre Faculté de droit de Montpellier[1].

La Faculté, assise sur ces bases, paraissait n'avoir rien à envier à sa primitive importance. Louis XIV y institua professeur de droit français Henri Casseirol, avocat distingué, juge de l'Ordinaire depuis 1672, docteur *in utroque jure*, investi de la confiance et de l'estime générales, qui devait occuper cette chaire avec succès pendant vingt-deux ans, — et il nomma aussi, en vertu de son privilège de royale initiative, les huit agrégés de

---

[1] Voy., ap. Jourdain, *Hist. de l'Univ. de Paris*, II, 110, le Règlement du 9 août 1679, applicable à la Faculté de droit de Paris. Elle avait délibéré plus vite que celle de Montpellier, et, opérant sous l'œil et avec l'appui du Gouvernement, avait obtenu la première son libellé.

première création : Pierre Cavallier, Pierre Cabassut, Antoine Causse, François Polier, Jacques Sicré, Pierre Verduron, Guillaume Verduron, et Pierre Tondut.

Mais on reconnut bientôt la nécessité de modifier sur certains points l'arrêt du Conseil du 16 juillet 1681. A ce besoin répondit la Déclaration du 6 août 1682, applicable à la fois à la Faculté de droit de Montpellier et à celles de Toulouse et de Cahors. L'Université de Montpellier jouissait, en effet, conformément aux lettres-patentes de Louis XIII de 1613, des mêmes honneurs et prérogatives que celles de Toulouse et de Cahors. Cette Déclaration reproduisait en partie, dans ses vingt-trois articles, les dispositions de l'arrêt du Conseil du 16 juillet 1681; mais elle s'en écartait ou le complétait comme il suit.

Un agrégé, quel qu'il soit, pourra, à l'avenir, présider aux thèses de licence et de doctorat, à la place du professeur de tour qui l'en aura requis. — On choisira les agrégés, aux chefs-lieux des Facultés, parmi les docteurs faisant profession d'enseigner le droit canonique et le droit civil, ou parmi les avocats fréquentant le barreau, ou même entre les magistrats et les juges honoraires. — Le professeur de droit français ouvrira son cours simultanément avec les autres professeurs, le fera les mêmes jours qu'eux dans l'après-dînée, et ses leçons dureront au moins une heure et demie. — Chaque certificat lui sera payé six livres[1]. — En cas de vacance de sa chaire, le procureur général et les avocats généraux du parlement de Toulouse proposeront au chancelier de France trois sujets, parmi lesquels le Roi nommera celui qui lui paraîtra le plus digne. — Les bourses fondées pour des étudiants en droit ne pourront être décernées qu'à eux seuls : ils les conserveront pendant trois ans pour le baccalauréat et la licence, pendant cinq ans pour le doctorat. Les directeurs des Collèges où ils résideront adresseront annuellement, à la Saint-Martin, au procureur général du parlement de Toulouse des notes sur leurs études et leur situation. — Défense aux docteurs, agrégés et autres, dans les villes à Faculté de droit, d'enseigner à domicile, si ce n'est comme répétiteurs des cours publics. — Personne ne

[1] Plus tard, par lettres-patentes du 1er octobre 1740, chaque étudiant eut à payer trente-deux livres au professeur de droit français.

sera admis à prendre d'inscription pour commencer l'étude du droit, avant l'âge de dix-huit ans accomplis. — Au-delà de vingt-sept ans, on pourra, à trois mois d'intervalle, subir les examens de baccalauréat et de licence ; et les lettres qu'on obtiendra, constatant la prise de ces grades, serviront pour être reçu au serment d'avocat.

Ainsi statua la Déclaration royale du 6 août 1682. Mais les deux derniers articles en furent bientôt modifiés, par une nouvelle Déclaration du 17 novembre 1690, qui permit de prendre la première inscription une fois entré dans sa dix-septième année, et réduisit à deux ans, — et même à six mois, au-delà de vingt-quatre ans, — le temps de scolarité nécessaire pour passer avocat : — déclaration de circonstance, inspirée à Louis XIV par le désir de se montrer favorable aux ministres protestants, qui, après avoir abjuré, à la suite de la révocation de l'édit de Nantes, voudraient se créer une position, soit dans le barreau, soit dans la magistrature.

Les nouveaux convertis satisfaits, la porte exceptionnellement ouverte pour leur frayer passage, se referma derrière eux ; et le Roi, par une autre Déclaration, du 20 janvier 1700, rétablit les trois ans précédemment exigés pour les études de droit nécessaires aux avocats. Il profita de l'occasion pour réformer certains abus nuisibles à la bonne discipline des Écoles. Les étudiants ne furent admis à s'inscrire, la première année, que du 10 au 30 novembre, et durent ensuite prendre périodiquement leurs inscriptions dans le premier mois de chaque trimestre. Louis XIV fixa, du même coup, le programme de l'enseignement. Pendant la première année, une seule leçon par jour sur les *Institutes* ; la deuxième année, une leçon de Droit civil, une de Décret, et une autre des Paratitles des Décrétales ; la troisième année, une leçon de Droit français et une autre de Droit civil ou de Droit canonique, au choix. On dut, à la fin de la première année, ou, au plus tard, au mois de mars de la seconde, subir un examen sur les *Institutes*, puis, à l'expiration de la deuxième année, soutenir l'acte de baccalauréat.

L'épreuve de droit français n'avait pas encore été prescrite jusqu'alors. Elle fut établie : elle consista dans un examen d'une heure, subi publiquement devant deux professeurs de droit civil, deux agrégés désignés par le sort, et le professeur de droit français, président, ou, à sa place, un troisième agrégé, qu'il choisirait. Ce genre d'examen aurait lieu du 1er juillet au

7 septembre. Chaque assistant pourrait interroger ; les juges voteraient au scrutin. On ne serait reçu avocat qu'en présentant, outre ses lettres de licence, un certificat du professeur de droit français, contre-signé de tous les examinateurs.

A ces dispositions concernant les étudiants, la Déclaration du 20 janvier 1700 en ajoute certaines autres, qui touchent de plus près le corps professoral.

Les agrégés ne pourront se trouver aux assemblées de la Faculté qu'en nombre égal à celui des professeurs. Les décisions y seront prises à la pluralité des voix. En cas de partage, le président fera pencher la balance. Les conclusions seront consignées dans les registres de la Faculté.

Jusque-là, le titre d'agrégé avait été conféré par le libre choix des professeurs : il fut désormais soumis au concours. On ne pourrait y prétendre qu'autant que pendant un an on aurait assidûment assisté en costume doctoral aux actes de la Faculté, et qu'on y aurait pris une part active, en argumentant les candidats. Dans les épreuves du concours, on aurait à faire deux leçons de droit civil et deux leçons de droit canonique, et à soutenir en un même jour une thèse spéciale sur l'un et l'autre droit. Les émoluments des agégés seraient, du reste, comme moyen d'émulation et de juste rémunération, augmentés d'un tiers ; et celui d'entre eux qui remplirait par intérim une chaire vacante recevrait la moitié des droits attribués au professeur.

Autres détails non moins instructifs de la Déclaration du 20 janvier 1700. Les aspirants aux grades, jugés incapables, seront ajournés à trois mois. — Les leçons ordinaires vaqueront du 1er août au 12 novembre. Les actes et examens ne seront néanmoins suspendus que le 7 septembre. — Tous les officiers des cours et sièges judiciaires répondront, avant leur installation, sur les ordonnances, les coutumes, les diverses autres parties de la jurisprudence française, et sur le droit civil.

Louis XIV employait ainsi, on le voit, tous les moyens pour raviver au sein de nos Écoles l'amour du travail, par un énergique appel à l'émulation.

Ces diverses dispositions ne sont pas toutes particulières à la Faculté de droit de Montpellier ; mais elles l'englobent dans la législation générale qu'elles imposent, la centralisation monarchique ayant dès-lors à peu près accompli son œuvre. Notre Faculté de droit a dû s'y conformer, nonobstant

8

l'union décrétée en 1723 des trois Facultés de théologie, de droit et des arts de Montpellier en une seule Université, à côté de l'Université de médecine, qui demeurait indépendante. A part quelques changements ultérieurs prescrits par l'autorité royale, elles ont formé son code réglementaire jusqu'à la Révolution française.

Louis XIV doit donc figurer parmi les restaurateurs de notre Faculté de droit de Montpellier. Les professeurs ou agrégés qui en ont occupé alors les chaires n'ont pas tous eu une égale célébrité. Mais il convient cependant de reconnaître que plusieurs d'entre eux ne sauraient être complétement voués à l'oubli. Tel est ce Nicolas Fizes, déjà mentionné comme ayant fait dans notre Faculté de droit, à partir de 1683, un cours de mathématiques et d'hydrographie. Tels sont aussi Joseph Brey, successivement agrégé, professeur de droit français et professeur de droit ancien (1683-1730) ; Henri Casseirol, notre premier professeur de droit français (1681-1703); Antoine Causse, dont on disait que, si les livres des lois venaient à se perdre, il eût été capable de les dicter par cœur, tant il les possédait bien (1681-1717); et ses deux fils Jean-Pierre Causse (1717-1752) et Hilaire Causse (1720-1767); Pierre Cavallier (1681-1698); Louis Vignes (1671-1687); Pierre Verduron (1681-1752) et son frère Guillaume Verduron, dit Rabieux (1681-1735); Noël Loys (1675-1716) et son fils Antoine Loys-Cazalis (1716-1741) ; François Nissolle (1698-1735); Nicolas Crassous (1694-1716) et son fils Pierre Crassous (1720-1729) ; François Polier (1681-1704) et son fils Pierre Polier (1706-1756); Charles et Philippe de Perdrix, tous deux fils de l'ancien professeur Gaspard Perdrix, et petits-fils par leur mère de Pierre David, également professeur de droit (1671-1715); Pierre Tondut (1681-1720); Pierre Ugla (1721-1738); Pierre Vaissière (1719-1765) et son fils François Vaissière ; Étienne Marcha (1716-1754); Marcel Faure (1735-1777); l'abbé Jean Boyer (1754-1791), etc. Le plus généralement connu, dans ces générations professorales, qui faisaient souche au profit de la science, est Claude Serres, l'auteur si renommé des *Institutions du droit français* et d'autres ouvrages de jurisprudence[1], qui succéda en 1738 à

---

[1] *Explication des ordonnances de Louis XV* concernant les *donations*, les *testaments*, les *adjudications*, les *substitutions*, etc.

Pierre Ugla dans la chaire de droit français, où il eut lui-même pour succes-
seur, en 1767, son fils Edmond Serres[1], et mourut en 1768, en laissant la
plume à son compatriote non moins célèbre, Jean Albisson, dont le Recueil
des *Lois municipales du Languedoc* rend encore aujourd'hui tant de services à l'histoire. Droit civil, droit canon, droit français, droit coutumier, notre
ancienne Faculté a tout étudié, tout approfondi. Tout s'enchaîne dans
son existence, depuis le commencement jusqu'à la fin.

L'arrêt d'union du 19 janvier 1723 n'a été lui-même pour elle, à certains
égards, qu'un retour au régime inauguré au xve siècle par la bulle de
Martin V du 17 décembre 1421, qui lui avait déjà annexé une première
fois la Faculté de théologie; et bien qu'il faille y voir l'action victorieuse
des Jésuites, pour mieux tenir en échec les Jansénistes de nos Écoles, et particulièrement leur chef, l'évêque Colbert de Croissy, dont la domination
s'exerçait sur elles presque sans contrôle[2], ce n'étaient, en somme, que
deux professeurs de théologie et deux professeurs de rhétorique et de philosophie[3] s'adjoignant, de par Louis XV, à nos professeurs et agrégés de
droit. Ne leur avait-on pas déjà accolé en 1682 un professeur de mathématiques, comme nous l'avons constaté, dans la personne de leur docteur
Nicolas Fizes ?

Ce fut donc, — répétons-le, — la réorganisation entreprise par l'évêque-
légiste François Bosquet, et poursuivie avec ardeur par le gouvernement de
Louis XIV, qui, s'ajoutant aux efforts déjà tentés par Henri IV et Jules
Pacius, sauva notre École de droit de Montpellier, si gravement atteinte par
les troubles religieux, dont pendant plus de soixante ans la périodique
recrudescence avait failli l'anéantir.

---

[1] Voy., sur ces divers personnages, les Notices détaillées de M. Faucillon, insérées dans les
Mémoires de l'Académie des Sciences et Lettres de Montpellier, sur les *Professeurs et les
Docteurs agrégés de la Faculté de droit de Montpellier*, section des Lettres, tom. III, page
331, 355 et 505.

[2] En vertu des lettres-patentes du mois d'août 1719, qui l'avaient reconnu d'une manière
expresse chef, chancelier et conservateur de l'Université de Montpellier, avec pouvoir de tout
y régler et réformer.

[3] Appartenant tous les quatre au Collège des Jésuites de Montpellier ; car c'était là qu'à
côté de l'enseignement classique des lettres et des sciences avait été installé, en 1682, l'enseignement public de la théologie.

IX.

Ne nous faisons pas toutefois une trop haute idée de cette restauration : les registres encore existants de notre Faculté de droit constatent que, de 1681 à 1692, malgré toute la persévérance de Louis XIV pour aboutir à une vraie résurrection, on fit annuellement en moyenne huit bacheliers, qui, en général, prirent la licence. Mais de doctorat il n'y est presque pas question ; c'est qu'on avait alors cessé de l'exiger pour la profession d'avocat et pour les fonctions de la magistrature.

Aussi ne se montrait-on pas trop sévère pour les prises de grades ; et si parfois la Faculté hésitait, le Gouvernement, qui, à distance, dominait mieux la situation, ne manquait pas de l'amener bien vite à composition.

En voici un exemple, — d'autant plus remarquable qu'il s'est produit sous Louis XIV même, vingt-trois ans après la révocation de l'édit de Nantes, et au sortir de la guerre des Camisards.

En 1708, un calviniste de Genève, Mestrézat, déjà bachelier en droit canon, se présenta à Montpellier pour la licence. La Faculté refusa d'abord de l'admettre à l'examen, à cause de sa religion ; mais le garde des sceaux ayant décidé que les Protestants pouvaient être reçus licenciés en droit canon, aucune loi ne l'interdisant aux étrangers, et qu'il suffisait, en pareil cas, de donner les points sur des matières plus civiles qu'ecclésiastiques, on finit par lui conférer le grade. Les Protestants rendaient, en effet, au catholicisme une sorte d'hommage, en se faisant graduer en droit canon. Et ils ne se montraient pas moins respectueux envers la Faculté de Montpellier : il leur était si simple d'aller demander le même grade à l'Université d'Orange !

Il y avait, du reste, dans notre Faculté de droit peu d'esprit de corps, et en revanche beaucoup de susceptibilités individuelles ; sans cesse des froissements d'amours-propres, des compétitions, des conflits. Henri Casseirol, notre professeur de droit français, appelé par tour à prononcer la harangue officielle, à la séance publique de rentrée de 1689, refusa net de s'en charger, — ce qui entraîna la suppression de la cérémonie annuelle de la rentrée, qui ne devait être rétablie qu'au bout de cinquante ans.

Notre Faculté de droit avait pourtant eu alors à peine le temps de s'installer dans sa nouvelle résidence du Collège Du Vergier ou de la Chapelle-Neuve. Elle venait de s'y fixer en 1683, en abandonnant à la cour du Petit-Scel le Collège Sainte-Anne, où l'avait mise Henri IV. Cette translation fait époque dans son histoire. L'évêque Charles de Pradel, héritier de la sollicitude comme du siège de son oncle François Bosquet, remplissait alors les fonctions de chancelier, ayant pour vice-chancelier son vicaire général Largier de Saint-Michel. Guillaume Verduron exerçait la charge de recteur, qui lui était confiée depuis 1677, et Guillaume de Clauzel, doyen de la Cour des comptes, celle de prieur des docteurs. Le corps des professeurs, tous distingués à divers titres, présentait Casseirol, Vignes, Loys et Perdrix. Celui des docteurs agrégés se composait de Cavallier, Cabassut, Pierre Verduron, François Polier, Guillaume Verduron, Sicre et Tondut, tous institués en vertu de l'arrêt réformateur du 16 juillet 1681.

Un des premiers événements qui marquèrent l'inauguration du nouveau siège de la Faculté fut, le 9 janvier 1685, l'installation de Nicolas Fizes, docteur en droit, originaire de Frontignan, nommé par le Roi à la chaire de mathématiques et d'hydrographie, récemment créée. Dans une séance préliminaire, tenue à l'Évêché, l'agrégé Sicre, devenu syndic, rapporta que Daguesseau, intendant de la province, avait remis au doyen Vignes, spécialement députe à cet effet, les pièces relatives à l'érection de cette chaire. Après la lecture de ces pièces par le secrétaire, Nicolas Fizes fut introduit. L'évêque lui fit valoir en peu de mots l'importance des fonctions dont le Roi l'honorait, la dignité du professorat, l'avantage d'appartenir à la Faculté, et lui déclara qu'une enquête était ouverte sur ses bonnes vie et mœurs, et sur sa religion catholique, apostolique et romaine. Alors Fizes, s'étant mis à genoux, prêta serment, la main sur l'Évangile, de bien et dûment servir le Roi et le public, et d'observer exactement les Statuts de l'Université. A l'instant l'évêque, le recteur, le prieur, les professeurs, les docteurs agrégés et le syndic se rendirent, les deux bedeaux en tête, portant leurs masses d'argent, au Collège Du Vergier ou de la Chapelle-Neuve, et y installèrent le nouveau professeur, en la manière accoutumée[1].

---

[1] On installa, du même coup, Antoine Causse comme professeur de droit ancien, ainsi que

Fizes n'avait, du reste, de commun avec la Faculté de droit que l'hono-rifique, sans pouvoir prendre aucune part ni à l'administration, ni aux exercices. Sa chaire n'était qu'une annexe, quoiqu'elle ait existé jusqu'à la Révolution française[1] et ait été occupée après lui par plusieurs hommes de mérite.

Veut-on savoir, puisque nous rappelons le maintien de l'ancien cérémo-nial, quel était celui qu'on pratiquait aux obsèques de nos membres du haut enseignement? Voici celui qu'on observa aux funérailles du professeur de droit français Pierre Ugla, mort le 4 juillet 1738, trois mois après son protecteur l'évêque Colbert, dont il partageait les opinions janséniennes, et qu'il avait ardemment soutenu dans ses luttes avec les Jésuites.

D'abord Étienne Marcha, doyen des professeurs, et Jean Artaud, agrégé, allèrent en députation, précédés d'un bedeau en robe et sans masse, témoi-gner à la veuve et aux enfants les regrets de la Faculté. Un autre bedeau revêtit le corps du défunt des ornements professoraux, qui étaient la robe rouge par-dessus la soutane noire, le chaperon fourré d'hermine, le collet, la perruque, le bonnet carré avec flocon rouge et vert, les gants, l'épée, et les bottes à éperons dorés. Pour l'enterrement, la Faculté se rendit en robe noire et bonnet carré, les masses des bedeaux couvertes d'un crêpe, chez l'agrégé Polier, proche voisin de la maison mortuaire. Au convoi, deux étudiants en robe et bonnet devant le cercueil, portaient un grand livre ouvert, sur lequel on avait étendu un voile noir. Le drap d'honneur était tenu par quatre bacheliers, également en robe et bonnet, à défaut de mem-bres supérieurs de la Faculté, trop peu nombreux pour fournir à tous les rôles.

Quelques jours après, on fit, dans la Chapelle du Collège de droit, un ser-vice funèbre, où le chapelain perpétuel, Jean Nérot, officia solennellement.

---

les deux agrégés Jacques Carbonnier et Joseph Brey. La prise de possession fut complète. La Faculté de droit continua d'occuper le Collège Du Vergier jusqu'à ses derniers jours. Ce vieux bâtiment, réparé pour elle ou par elle à diverses reprises, a été vendu, comme bien na-tional, le 18 floréal an III (7 mai 1795), et est devenu depuis lors propriété particulière. Voy., sur son histoire et ses vicissitudes, la Notice de Faucillon. In-8°, Montpellier, 1859.

[1] Elle ne demeura pas toujours unie à la Faculté de droit. Elle passa, à partir de 1764, dans les attributions de la Société royale des sciences de Montpellier.

Ce cérémonial s'explique. Aux yeux de notre Université, ses professeurs étaient de vrais chevaliers ès-lois. On leur donnait la qualification de *Messire*, et même le titre de *Comte* après vingt ans d'exercice. Jacques Rebuffi portait sur son épitaphe, dans l'église de Maguelone, l'appellation de *Comte des lois*[1]. On lisait la même chose sur le tombeau du professeur Barthélemi Planque, chez les Carmes-Déchaussés. — A l'Université d'Aix, en recevant un docteur en droit, on lui disait : *Te comitem et nobilem facimus*.

Nos professeurs n'avaient, avant les vingt ans d'exercice, que le titre de Chevalier ès-lois, avec droit aux insignes de la chevalerie : le baudrier, la ceinture, l'épée, les bottes, les éperons dorés, le collier, les gants. Ils étaient censés combattre pour la Foi, l'Église, l'État et les Lettres, — comme le disait et le développait, avec force témoignages historiques à l'appui, le professeur Antoine Causse, dans un Mémoire spécial que conservent nos Archives.

Parmi les insignes du doctorat figuraient l'anneau, la ceinture, le cheval. Le nouveau docteur, selon les anciens Statuts de notre Université, était, au xviiie siècle encore, comme au temps de Rabelais, reconduit à cheval, au son des violons et des hautbois, revêtu de son costume doctoral, jusqu'à son domicile, par les autres docteurs, aussi à cheval, en robe et bonnet de cérémonie.

Inutile d'ajouter que ces pompeuses ovations ne tardèrent pas à tomber en désuétude, et qu'il ne resta de ces usages traditionnels que ceux des honneurs funèbres.

X.

Voici quelle était, à la veille de sa disparition, à la fin du siècle dernier, la situation de notre Faculté de droit, quant au personnel et à l'enseignement. J'emprunte cet aperçu à une réponse officielle, faite, en 1786, par l'abbé Boyer, son professeur-doyen d'alors, à un questionnaire adressé à la docte

---

[1] Voici la formule de cette inscription tumulaire : « Orate pro domino Jacobo Rebuffi, legum » comite, cujus anima in Domino requiescat, qui obiit anno ab Incarnatione Domini 1428, et » die 21 martii ».

Compagnie, par manière d'enquête, au profit d'un projet de nouvelle refonte générale des études de droit[1]. On y rencontrera la preuve de la persistance jusqu'à cette époque de l'œuvre réglementaire de Louis XIV.

« 1° La Faculté de droit de Montpellier est composée de quatre professeurs de droit civil et canonique, et d'un professeur de droit français.

» 2° On est dans l'usage de dicter des cahiers aux différentes leçons, même à celle du droit français. Le professeur chargé de la leçon des *Institutes* fait lire le texte, qu'il commente ensuite et qu'il explique, suivant l'arrêt du

---

[1] Voici ce questionnaire. Sa lecture, et celle de la lettre d'envoi qui l'accompagne, aideront à mieux à saisir le sens des réponses que je vais transcrire.

« A Messieurs de la Faculté de droit de Montpellier. Paris, 2 mars 1786. — Messieurs les » docteurs d'honneur, Messieurs, de la Faculté de droit ayant été chargés de s'occuper d'un » plan de réforme pour rendre les études du droit plus utiles, ont pensé qu'un travail de cette » nature ne pourroit être complet qu'autant que le Roi feroit un reglement general.

» Comme il est nécessaire, pour pouvoir l'adapter à chaque Faculté, de connaître exacte-» ment sa composition, son enseignement et ses usages particuliers, j'ai cru devoir vous » envoyer les questions cy-jointes, et vous prier d'y répondre, en ajoutant d'ailleurs tout ce » que vous penserez devoir concourir à la formation d'un projet aussi important.

» Je suis persuadé qu'animés de vues de bien public vous vous empresserez de seconder les » nôtres, en m'adressant les éclaircissements que je vous serai fort obligé de me faire passer.

» Je suis, avec un très-sincère attachement, Messieurs, votre très-humble et très-obéissant » serviteur. — Barentin, doyen d'honneur.

Questions relatives à la Faculté de droit de Montpellier : « 1° De combien de professeurs » est composée la Faculté de droit de l'Université de Montpellier ? — 2° S'ils dictent les cahiers » ou s'ils expliquent le texte ? — 3° Si les écoliers vont en classe assiduement ? — 4° Si on les » interroge, ou s'ils disputent en classe, ou si le professeur ne fait qu'expliquer ? — 5° Quel » est l'ordre des matières que suivent les professeurs pendant le cours des années, et si les » écoliers changent de professeurs, ou s'ils ont les mêmes pendant le cours du baccalauréat et » de la licence ? — 6° Si les professeurs ont des appointements, ou des droits seulement sur » les examens, les thèses et les inscriptions ? — 7° S'il y a un professeur de droit français, ou » de droit coutumier ? — 8° Combien les étudiants soutiennent-ils de thèses et subissent-ils » d'examens pour le baccalauréat et la licence ? — 9° S'il en est de même pour ceux qui font » leur droit par bénéfice d'âge ? — 10° S'il y a des docteurs agrégés, et quels sont leurs » émoluments? — 11° S'ils sont les seuls qui ayent le droit de répéter les étudiants, ou si les » simples docteurs ont également ce droit, et si les professeurs l'ont aussi ? — 12° S'il ne » seroit pas plus utile que les cahiers fussent imprimés ? — 13° Enfin, Messieurs de la Faculté » sont priés d'ajouter aux questions ce qu'ils croyent convenable et plus utile pour un plan de » réforme. » — Archiv. de la Faculté de droit de Montpellier, ap. Préfecture de l'Hérault.

Conseil de 1681. Les autres professeurs expliquent leurs cahiers particuliers.

»3° Les écoliers vont en classe assiduement, et sont obligés de le faire, pour pouvoir être admis aux grades.

»4° Le professeur, après la dictée et l'explication, interroge les écoliers, et répond aux questions qu'ils peuvent lui proposer.

»5° Les quatre professeurs du droit civil sont occupés, l'un à faire des leçons sur les *Institutes*, deux autres sur le Digeste et le Code, et le quatrième sur le droit canonique. Les anciens professeurs choisissent les matières, ainsi qu'ils y sont autorisés par l'arrêt du Conseil du 16 juillet 1681 ; et il arrive que les étudiants dont le cours et l'ordre des études est fixé, tant par ce même arrêt que par la déclaration du Roi de 1700, ne suivent pas toujours le même professeur pendant leurs trois années.

»6° Les professeurs ont 540 livres de gages[1]. Ils ont ensuite des droits sur les examens et sur les actes publics, fixés par l'arrêt du Conseil de 1681[2]. Il est même à observer que, lors de la création de la chaire de droit français, Sa Majesté voulut que le dernier professeur reçu n'eût point de gages, jusqu'à ce qu'il en eût fixé pour cette dernière place ; ce qui n'a pas été encore fait.

»7° Il y a un professeur de droit français, attendu que la province est régie par le droit écrit.

»8° Les étudiants subissent un examen, après lequel ils soutiennent l'acte public de baccalauréat. Ils subissent ensuite un second examen, la troisième année, et soutiennent un acte public pour la licence ; et le cours d'étude est terminé par un examen public sur le droit français, qui roule sur les matières que ledit professeur a expliquées dans l'année. Les époques de ces différents actes sont déterminées par les lois citées.

» 9° Les bénéficiers d'âge subissent exactement les mêmes examens et soutiennent les mêmes actes publics que les autres étudiants ; ils n'ont d'autre avantage que la dispense du temps d'étude, qui est diminué en leur faveur par les mêmes lois.

---

[1] En marge, par manière de rectification : « Ont 600 livres. Ils ont de plus 250 livres de la » ville et du diocèse, et ils avoient trois minots de sel ». — Toujours 925 livres, comme en 1681 et antérieurement.

[2] Cet éventuel s'était élevé en 1735, pour chaque professeur, à 480 livres. En 1791, il devait monter à près de 1200 livres.

»10° Il y a des docteurs agrégés, au nombre de six[1], qui ne perçoivent que des droits modiques sur les examens et les actes, tels qu'ils sont fixés par l'arrêt du Conseil de 1681 et la déclaration du Roi de 1700.

»11° La plupart des étudiants ne se font pas répéter; et ceux qui veulent le faire choisissent parmi les professeurs, docteurs et agrégés; et même parmi les simples docteurs.

»12° On pense qu'il seroit plus utile que chaque Faculté choisit et adoptât des cahiers sur toutes les matières, tant du droit civil que du droit canonique, qui seroient imprimés, et que les professeurs expliqueroient dans leurs leçons. Par ce moyen, on éviteroit les vices qui résultent souvent des erreurs que les écoliers peuvent commettre en écrivant. Ils connoîtroient d'avance l'objet et l'ordre de leurs études, et les professeurs auroient l'avantage d'employer plus utilement dans l'explication un tems qui se consume presque inutilement à dicter.»

OBSERVATIONS.

«Les études du droit ne pouvant pas donner aux étudiants des connoissances parfaites sur tous les objets qui en font partie, et qu'il est impossible d'approfondir dans l'espace de trois années, qui sont destinées à remplir le cours des études, on pense que ce n'est qu'en les dirigeant principalement sur les principes qu'on peut les rendre plus fructueuses, et assurer une utilité permanente à ceux qui les feront avec exactitude et avec zèle.

»D'après cette idée, on croiroit que la principale étude doit porter sur les Institutions de Justinien, qui sont véritablement les principes de tout le droit romain, et qu'il faudroit multiplier les leçons et les actes sur cet objet essentiel.

»Un professeur chargé d'expliquer, dans le cours d'une année, les quatre

---

[1] Un arrêt du Conseil, du 11 juin 1729, avait supprimé deux des huit places d'agrégé établies en 1681. La Faculté de droit avait elle-même demandé cette réduction, en alléguant que le nombre primitif de huit agrégés dépassait les besoins du service. On ne donna de successeurs ni à Pierre Crassous, qui en 1729 alla remplir à Paris les mêmes fonctions, ni à Antoine Désandrieux, lorsqu'il mourut en 1730 : de sorte que le Conseil d'État n'eut qu'à régulariser la suppression des deux places.

livres des *Institutes* et la première partie du Digeste ne peut le faire que très-imparfaitement. Ce n'est qu'en effleurant la matière qu'on peut remplir cette tâche. On penseroit, en conséquence, qu'il seroit plus à propos que ce professeur n'expliquât, la première année, que les deux premiers livres, et les deux autres l'année d'après, en y ajoutant à la fin une idée succincte du Digeste et du Code.

»Par la même raison, il conviendroit d'établir la même règle pour la partie du droit canonique, et de diriger les leçons vers les principes qui en sont comme le fondement. Cela vaudroit mieux sans doute que de donner des commentaires sur les Décrétales de Grégoire IX et le Décret de Gratien, ainsi qu'il a été établi par l'arrêt du Conseil de 1681.

» Par ce moyen, les principes seroient expliqués avec toute l'étendue dont ils sont susceptibles, et on acquerroit les connoissances qu'il est possible de prendre sur toutes les matières dans un aussi court espace de temps.

» Il est à observer qu'un règlement général qui déterminera la forme des études ne peut pas être convenable à toutes les Facultés, parce qu'il faut qu'il soit relatif au nombre des professeurs qui se trouvent dans chaque Faculté, ce nombre variant partout. C'est ainsi qu'on l'a déja pensé, puisque les règlements qui furent faits dans le même temps pour la Faculté de Toulouse et pour celle-ci sont différents.

» Ce n'est point que la Faculté de Montpellier tienne à ses usages particuliers. Quoique établie par Placentin, et la plus ancienne du Royaume, et qu'elle ait été toujours jalouse de se conformer avec la plus grande exactitude aux différents règlements qui la régissent, elle verra toujours avec plaisir des changements qui ne tendent qu'à améliorer des études qui lui sont chères, et bien dignes des vues également sages et honorables d'une administration éclairée. Elle s'empressera même de donner tous les éclaircissements qu'on croira convenables pour concourir à remplir un projet aussi louable.

» Boyer, professeur-doyen. »

Précieux document, qui, en retraçant au vrai la situation de notre Faculté de droit, continuant de vivre jusqu'à la fin du xviiie siècle sous le régime des réformes de Louis XIV, nous la montre aspirant à d'autres réformes mieux appropriées au progrès des esprits et aux besoins de l'enseignement, tels qu'on les comprenait à la veille de la Révolution de 1789.

La Faculté de droit de Montpellier n'eut pas le temps de voir se réaliser ses vœux. La Révolution, qui, graduellement accomplie, eût pu leur donner satisfaction, trop précipitamment opérée, l'emporta elle-même, comme toutes les autres institutions analogues, dans l'universel bouleversement; et il ne subsista d'elle, avec de grands et impérissables souvenirs, que des archives mutilées, où il ne m'a pas toujours été facile de recueillir les éléments de cette Notice historique.

Le plus illustre de ses derniers disciples a été le second consul, Régis de Cambacérès, postérieurement archichancelier de l'Empire, dont l'active participation à la rédaction du *Code civil* constituera à tout jamais pour nos légistes de Montpellier, sa ville natale, — dans le commerce desquels il aura dû puiser les principes de sa vaste science juridique, — un suprême titre de gloire.

PIÈCES JUSTIFICATIVES.

I.

STATUTS DE L'UNIVERSITÉ DE DROIT DE MONTPELLIER.

(20 juillet 1339.)

Bertrandus, miseratione divina tituli Sancti Marchi presbiter cardinalis, a sanctissimo patre et domino nostro domino Benedicto papa XII ad infrascripta specialiter deputatus, honestis et circumspectis viris rectori, doctoribus, baccallariis et scolaribus, et Universitati studii Montispessulani, diocesis Magalonensis, in jure canonico et civili, salutem in eo qui est omnium vera salus.

Romani pontificis sollicitudo provida, et providentia circumspecta, etsi, remediis cunctorum invigilans subditorum, voluntarios labores appetat, ut aliis quietem preparet, scandala removeat, et sub certis regulis limitet noxios appetitus, circa illorum precipue provisionem et statum pacificum, sollicitudinis sue curam libenter impendit, et diligenti studio ac diligentia studiosa dirigit aciem mentis sue, quorum peritia et doctrina mundus speratur illuminari, et spe pulcherrima respublica gubernari. Hii sunt viri studiosi, disciplinis scolasticis insistentes, qui amore scientie facti quodammodo exules, et de divitibus pauperes, pretiosam diligenter quesierunt, et inventam comparant inestimabili pretio scientie margaritam. Hii quidem sunt, qui pro affectu scientie et profectu in bonis dies suos trahentes, et noctes plerumque deducentes insomnes, semetipsos exinaniunt, ut animabus primum, et linguis postmodum eruditis, in Ecclesia Dei velut splendor prefulgeant firmamenti. Hii rursus sunt, qui in flore juventutis terram novam colentes, eam in benedictionibus seminant, tandem post labores emeritos in se et aliis fructum centesimum colligentes. Ad horum siquidem scolasticorum provisionem et statum pacificum et modestum decet Romanum pontificem tanto promptius cura perpeti vigilare, et eorum indempnitatibus salubriter providere, quanto per ipsius salutare remedium, non solum ipsis studentibus, sed et per ipsos reipublice providetur, quantoque juvenilem etatem sicut ad doctrinam aptam, sic et econtra ad malum promptam, expedit ita sub norma moderationis provide coartari, quod, sublata vagandi et cujusque insolertie ac et inanimi expensarum materia, vigeat in eis discipline modestia, morum honestas splendeat, virtutes floreant, multiplicetur scientia, que, dilatato sui tentorii loco, funiculos suos faciat longiores. Ad hec profecto prefatus dominus noster Benedictus papa XII, more pii patris consilium pro liberis capientis, prudenter attendens, et considerans quod, orta pridem circa regimen et statum prefati studii Montispessulani in jure canonico et civili, ubi docentium et discentium solent ingenia florida diffusis odoribus redolere, inter rectorem et consiliarios et Universitatem predictam, ex parte una, et doctores, tam juris canonici, quam civilis, actu legentes et non legentes, dicti loci, ex altera, quadam discordia, et ad multa pericula et scandala preparata, tam pretextu quorumdam insolertium actuum, turbantium ipsius studii claritatem, que discordia licet per Sanctitatis sue provisionem fuisset opportunis remediis terminata, ipsius tamen occasione discordie, que directa pervertere consuevit, nonnulla dubia et litigia inter partes ipsas adinvicem, necnon et inter rectorem, consiliarios et Universitatem predictos, ex parte una, et venerabilem patrem dominum Peytavinum, episcopum Albiensem, tunc Magalonensem, ex altera, emerserunt; super quibus habito ad ipsum dominum nostrum papam recursu, idem dominus noster, post quamdam commissionem reverendo patri domino Guillermo, tituli Sancti Stephani in Celio monte presbitero cardinali, tunc abbati Montolivi, Carcassonensis diocesis, primo factam, demum nobis cardinali predicto, tunc archiepiscopo Ebredunensi, diversas commissiones duxit, sub certis tenoribus, faciendas; quarum auctoritate vocatis partibus, et in nostri presentia legitime consti-

tutis, ad multos actus in diversis terminis, juxta formam commissionum hujusmodi procedentes, tandem majorem partem statutorum infrascriptorum cum magna deliberatione edidimus, juxta traditam nobis super hoc potestatem. Postmodum vero nobis, licet indignis, ad apicem cardinalatus assumptis, prefatus dominus noster papa, volens ea que per nos, ipsius auctoritate, laudabiliter et utiliter fuerant inchoata, pro salubri et pacifico statu vestro laudabilius terminari, aliam commissionem fecit nobis, per apostolicas certi tenoris litteras, quarum tenor inferius subsequitur; quarum etiam litterarum auctoritate, nos, tanquam filii obedientie, visis et diligenter inspectis statutis per nos primitus ordinatis, et eis cum diligentia et deliberatione non modica recensitis, ac factis in eorum aliquibus certis additionibus et mutationibus, prout, perspicaciori examinatione habita, pro bono et pacifico predicti studii statu, et evitandis in illo diversis insolertiis, judicavimus expedire, ac certis aliis statutis postea cum consulta deliberatione additis, que ad honorem Dei, morum honestatem, quietis vestre plenitudinem reputavimus opportuna, ipsa statuta dicto domino nostro pape, ad majorem ipsorum firmitatem, curavimus exhibere, qui legendi et examinandi eadem laborem voluntarium non recusans, post lecturam et examinationem hujusmodi, nobis oraculo vive vocis mandavit, quod eadem statuta, juxta commissionem sub bullà sua, ut premittitur, nobis factam, vobis, per nos vel alium, vel alios, publicaremus, et ea per vos universaliter et singulariter, prout ad vos et vestrum quemlibet [spectat], mandaremus inviolabiliter observari.

Nos igitur, propter ardua negotia, undique confluentia, quibus apud sedem apostolicam cogimur occupari, ad locum predictum Montispessulani conferre nos commode non valentes, religiosum virum Paulum de Deucio, monachum et camerarium monasterii Sancti Guillermi de Desertis, ordinis Sancti Benedicti, nepotem nostrum, loco nostri, duximus deputandum, eidem tenore presentium, omnibus modo et forma quibus melius possumus committentes, quatinus vobis in domo Fratrum Predicatorum Montispessulani, vel alibi, prout expedire sibi videbitur, ad sonum campane, et per indictionem per bedellum factam, ut moris est, congregatis, litteras apostolicas commissionis nobis, ut premittitur, facte, et statuta per nos, auctoritate apostolica, in modum qui sequitur edita, que sub sigillo nostro vobis transmittimus, et ea apud vos finaliter volumus remanere, vice et auctoritate nostra, clare, plene et perfecte legere, notificare et publicare procuret, ac vobis, ex parte nostra, in virtute sancte obedientie, districte mandare, sicut, ex auctoritate predicta, tenore presentium, precipiendo mandamus, quatinus ipsa statuta, et eorum singula, pro apostolice sedis reverentia, et utilitate vestra, ac metu penarum comprehensarum in ipsis, quas, quantum potuimus commode, ex certa scientia, studuimus mitigare, diligenter et inviolabiliter, prout unumquemque vestrum contigerit, observetis, nec contra ea, directe vel indirecte, maligna interpretatione vel studiosa operatione, vel alias, per vos vel alios, veniatis. Porro, quia, secundum legem, nichil sic est indubitatum, quin possit, licet sit valde justissimum, in aliquam sollicitam dubitatio-

nem deduci, vel ex certa scientia, potestatem hujusmodi statuta declarandi, emendandi, corrigendi, interpretandi, et alia de novo faciendi, si et cum expedire videbitur, nobis plenariam retinemus. Sane, ut omnis dubitationis et voluntarie disputationis materiam amputemus, omnia et singula statuta usque in presentem diem, per vos, seu quemvis vestrum, communiter vel divisim facta, cujuscumque continentie seu tenoris existant, auctoritate predicta, ex certa scientia, cassamus et irritamus, et cassa et irritata, ac nullius per omnia firmitatis existere nuntiamus. Per hoc autem, seu per presentem statutorum editionem, non intendimus potestatem aliam, tamen vobis legitime competentem, auferre, quin possitis, si et cum necessitas vel utilitas suadebit, statuta alia de novo et debite facere, dummodo in nullo, directe vel indirecte, statutis presentibus, vel eorum alicui, nec eorum effectui, adversetur.

Tenor vero litterarum apostolicarum sequitur in hec verba.

Benedictus episcopus, servus servorum Dei, dilecto filio Bertrando, tituli Sancti Marchi presbitero cardinali, salutem et apostolicam benedictionem.

Bonum pacis, ex qua cultus justitie et tranquillitatis ubertas proveniunt, et dissentionum materiis obviatur, summis desideriis affectantes, libenter impedimenta subducimus, que paci sunt obvia, et commoda procuramus, per que pax et tranquillitas nutriantur. Sane dudum venerabili fratre nostro Pictavino, nunc Albiensi, tunc Magalonensi episcopo, nostro appellatui exponente, quod, occasione quorumdam statutorum, [que] per rectorem qui tunc erat, et ceteros alios rectores qui fuerunt pro tempore, studii generalis utriusque juris Montispessulani, diocesis Magalonensis, et quorumdam etiam statutorum, que per collegium doctorum utriusque juris ejusdem loci Montispessulani facta fuerant, necnon occasione juramentorum, que rectores ejusdem studii, tam a doctoribus predictis, quam a baccallariis in eodem studio legentibus, vel legere volentibus, seu ad doctoratus honorem in predictis facultatibus cupientibus promoveri, ac etiam a singulis scolaribus studentibus, et scolas intrare volentibus, in studio memorato sibi exhiberi ; pretextu quoque juramentorum, que dicti doctores a promoveri cupientibus in dicto studio in eisdem facultatibus sibi dudum prestari fecerant, et tunc etiam faciebant, in prejudicium juris et jurisdictionis episcopi memorati, inter dictos doctores, ex parte una, et rectorem et consiliarios et scolares predictos, ex altera, dictumque episcopum Magalonensem pro interesse suo contra rectorem, consiliarios et doctores predictos, partem tertiam facientem, dissentionum materia erat et fuerat multipliciter suscitata, et aliqua scandala in dicto studio fuerant propterea subsequta, certique processus facti, et excommunicationum sententie sub certis formis per dictum episcopum, ac vicarios, officiales et commissarios ejus, tam litterarum nostrarum, quam ordinaria auctoritate, contra predictos rectorem, doctores, consiliarios et scolares late fuerant et etiam promulgate, quorum et quarum occasione plura litigia, tam coram dilecto filio nostro Guillermo, tituli Sancti Stephani in Celio

monte presbitero, cardinali, tunc abbate monasterii Montisolivi, Carcassonensis diocesis, primo, ac subsequenter coram te nunc archiepiscopo Ebreduni, a nobis super premissis tunc successive auditoribus deputatis, quam coram dicto episcopo, vel commissariis suis, et coram etiam officiali curie Narbone, loci metropolitice, diversis ex causis cepta fuerant, et in eis, vel eorum aliquibus, ad citationes, inhibitiones et certos alios actus erat processum ; dictoque episcopo Magalonensi ad bonum et tranquillum statum et debitam reformationem dicti studii, et ad pacem inter eum et alias partes predictas perpetuo duraturam, laudabiliter intendente, nobisque propterea humiliter supplicante, ut per aliquem, vel aliquos discretos, omnia et singula statuta predicta, vocatis episcopo et partibus supradictis, quotiens opus esset, et in eorum jure admissis, faceremus diligentius recenseri, et inutilia et dampnosa, vel ex quibus jus sive jurisdictio dicti episcopi et ecclesie sue Magalone lesa reperirentur, vel imposterum ledi possent, totaliter cassari et tolli, et alia statuta rationabilia observari, pro bono et pacifico statu dicti studii mandaremus : Nos, ejusdem episcopi supplicationibus inclinati, tibi tunc etiam apud sedem apostolicam constituto commisisse recolimus et mandasse, ut apud sedem eamdem episcopo et aliis partibus predictis ad tuam presentiam legitime evocatis, et in jure eorum admissis, omnia et singula statuta predicta coram te faceres realiter exhiberi, ipsaque videres et examinares diligenter, et illa ex eis, necnon juramenta contenta in ipsis, que dicto studio inutilia seu dampnosa, vel ex quibus jus seu jurisdictionem episcopi et ecclesie predictorum lesa reperires, seu cognosceres ledi posse forsitan in futurum, ab aliis statutis rationabilibus, ejusdem studii bonum et pacificum statum, necnon Universitatis doctorum et scolarium ipsius respicientibus, separare studeres, edendo et addendo statuta alia de novo, que pro bono statu ejusdem studii et conservatione juris et jurisdictionis dictorum episcopi et ecclesie, ac tranquillitate et pace partium predictarum, edenda cognosceres et addenda : que quidem statuta postquam per te, ut premittitur, forent provide ordinata, nobis ostendi voluimus, ut de speciali mandato nostro, si nobis videretur expediens, fieret publicatio eorumdem, predictis statutis inutilibus et dampnosis de speciali mandato nostro similiter cassandis totaliter, ac etiam annullandis. Voluimus insuper, quod in hujusmodi negotio coram te pendente, cessaretur omnino per partes predictas a litigiis omnibus supradictis, tibi specialiter committendo, ut eorumdem litigiorum omnium cognitionem et decisionem ad examen tuum, eadem auctoritate, revocare studeres, in eis simpliciter et de plano, sine strepitu et figura judicii procedendo; et quod interim dictis doctoribus et scolaribus, auctoritate predicta, preciperes et injungeres, quod iidem doctores legerent in dicto studio, et lectiones suas resumerent et continuarent, dictique scolares scolas eorum intrarent, inhibitione dicti rectoris, vel alterius cujuscumque, ac juramentis eidem rectori, vel alteri prestitis, a quibus rectorem, doctores, baccallarios et scolares predictos eadem auctoritate absolvendi tibi dedimus potestatem, non obstantibus quibuscumque. Voluimus etiam,

tibique commisimus, quod, auctoritate predicta, rectori, doctoribus, baccallariis et scolaribus supradictis injungeres ut medio tempore juramenta predicta, vel similia, non exhigerent, nec reciperent aut prestarent, quodque dicte partes nil, in alterutrius partis prejudicium, innovarent vel attemtarent, quandiu penderet hujusmodi negotium coram te, vel alio, quem ad hoc duceremus deputandum. Cum autem, sicut pridem, ex parte ejusdem episcopi, nunc Albiensis, fuit propositum coram nobis, tum vocatis partibus, dictisque statutis, que coram te fuerunt realiter exhibita, visis et diligenter examinatis, quedam statuta, juxta commissionem nostram hujusmodi super hoc tibi factam, citatis legitime partibus supradictis, ordinaveris, fideliter et prudenter perpetuo in dicto studio observanda, ne, pro eo quod eumdem Pictavinum a vinculo quo Magalonensi ecclesie tenebatur absolventes, ad Albiensem ecclesiam, tunc vacantem, auctoritate apostolica duximus transferendum, hujusmodi negotium, quod idem Pictavinus, dum eidem Magalonensi ecclesie presidebat, laudabiliter cepit, et prudenter et sollicite extitit prosequtus, impediri contingat, vel etiam retardari, circumspectioni tue, de qua plenam in Domino fiduciam gerimus, per apostolica scripta committimus et mandamus, quatinus, juxta commissionem predictam, predictis statutis, per te ordinatis, diligentius recensitis, eisdem, auctoritate nostra, addas et detrahas, que pro bono statu ejusdem studii et conservatione justitie dictorum episcopi et ecclesie; et pacis bono partium predictarum, addenda cognoveris, et etiam detrahenda, ac nichilominus alia de novo statuta in dicto studio, que pro ejus utilitate, pace et tranquillitate edenda cognoveris, auctoritate predicta edas, et statuas et decernas, perpetuo in dicto studio observanda ; nichilominus in eisdem statutis, eadem auctoritate, edendo et etiam statuendo, quod omnes et singuli prenominati rector, doctores, baccallarii, scolares, bedelli, banquerii et stationarii ejusdem studii, presentes et posteri, qui eadem statuta, vel aliqua eorum, postquam per te taliter edicta et promulgata fuerunt, temerarie [infringere], vel contra ea facere vel devenire presumpserint, penas et mulctas alias, necnon excommunicationis sententiam, quas in eisdem statutis exprimendas duxeris, ipso facto incurrant, absolutione a predicta excommunicationis sententia, debita satisfactione que fuerit exhibenda, eidem episcopo, ejusque successoribus Magalonensibus episcopis, canonice intrantibus, qui erunt pro tempore, perpetuo reservata ; que quidem absolutio ab eodem episcopo, vel alio, vice vel de mandato ipsius, gratis, absque redemptione vel emolumento seu pretio aliquo, impendatur. Que quidem statuta, postquam per te, ut premittitur, fuerint ordinata, auctoritate nostra, in dicto studio per te, vel alium seu alios, solemniter publicari facias, et etiam promulgari, quibuscumque aliis statutis contrariis, juramento, confirmatione apostolica, vel alia quavis firmitate vallatis, per te, auctoritate predicta, omnino cassatis, irritatis et penitus revocatis, jurisdictione ordinaria ac potestate et auctoritate competentibus episcopo Magalonensi, qui est et erit pro tempore, tam de jure communi, quam a predecessoribus nostris Romanis pontificibus

concessis eidem in personis et studio supradictis, sibi salvis et plenarie reservatis; contradictores per censuram ecclesiasticam, appellatione postposita, compellendo, non obstantibus si eidem rectori ac doctoribus et scolaribus, et personis aliis dicti studii, a sede apostolica sit indultum, quod excommunicari, suspendi, vel interdici non possint per litteras apostolicas, non facientes plenam, expressam, ac de verbo ad verbum, de indulto hujusmodi mentionem.

Datum Avinioni, nonis martii, pontificatus nostri anno quinto.

I. DE MISSA DIE DOMINICA CELEBRANDA.

In primis auctoritate apostolica statuimus et ordinamus, quod semper, diebus dominicis, in domo Predicatorum, post sermonem clero factum, vel, si sermo non erit, eadem hora, missa solemniter celebretur, in qua rector et consiliarii, doctores actu legentes, baccallarii et scolares, cessante impedimento, super quo singulorum stari conscientiis [jubemus], debeant interesse; non venientes autem, cessante impedimento predicto; siquidem rector sit, quinque solidos ; doctores actu legentes, consiliarii singuli, duos solidos, et baccallarii duodecim denarios, solvere teneantur.

II. DE MISSA PRO DEFFUNCTIS, ANNIS SINGULIS, CELEBRANDA.

Item eadem auctoritate statuimus et ordinamus, quod in ecclesia Fratrum Predicatorum, singulis annis, fiat solemnis missa et commemoratio in octavis Epiphanie Domini, vel, si octava in dominica occurret, in festo proximo sequenti, pro animabus illorum qui, studentes in jure canonico et civili, seu in aliis facultatibus, in ipso studio retroactis temporibus decesserunt, ubi debeant esse decem tortitia Universitatis et unus pannus aureus ; quibus Predicatoribus pro pictantia Fratrum quinquaginta solidi usualis monete de pecunia Universitatis donentur, ut pro predictis mortuis apud Dominum preces fundant. Tortitia autem conserventur ad Elevationem Corporis Christi, in missa que in domo Predicatorum ipsorum, diebus dominicis, debet, ut premittitur, celebrari.

III. DE FUNERALIBUS STUDENTIUM.

Item super funeralibus studentium statuimus et ordinamus, quod, quando continget aliquem doctorem, baccallarium, vel scolarem juris canonici vel civilis, debitum nature persolvere in studio supradicto, nullus doctor vel baccallarius intret [hora] qua corpus tradetur ecclesiastice sepulture; sed omnes, tam rector quam doctores actu legentes, quam etiam baccallarii et scolares, associare funus debeant, et interesse hujusmodi sepulture, nisi, habentes in hora proxima legere, recedendi licentiam habeant a rectore, vel ejus locumtenente. Qui autem, legitimo impedimento cessante , de quo impedimento cujuslibet conscientie relinquatur, funeri non curaverint interesse, siquidem sit rector, decem solidos ; doctores actu legentes, quinque ; baccallarii duos solidos ; scolares nationis mortui, sex denarios, conservatoribus pecunie Universitatis, sub pena excommunicationis, solvere teneantur. Illud autem adicimus, quod, si scolaris mortuus adeo pauper existeret, quod de suo honeste non valeat

sepeliri, de pecunia Universitatis fiant decenter exequie pro eodem.

IV. DE HONESTATE VESTIUM ET TAXATIONE PANNORUM.

Item, ut studentes morum honestatem per incessum debitum et modestam conversationem exterius habere se ostendant , eadem auctoritate statuimus , quod ipsi extra domos suas debeant vestes honestas, presertim superiores, non autem strictas, nec nimia brevitate , sed longitudine notandas, portare, nec capitias, sive canezanas, nimis apertas habentes, vel lingatas ; sed, juxta morem antiquum, supertunicalia, et alias vestes superiores deferant ordinatas : adicientes quod nullus in predicto studio audeat vestes emere, cujus canna constet ultra xxv solidos usualis monete ; neque aliquis, nisi rector vel doctor esset, vel de genere regum, ducum, principum, vel comitum, deferre in dicto studio folraturas audeat variorum; hoc salvo quod quicumque nobiles socios tenentes, vel alii etiam dignitates in ecclesiis cathedralibus vel collegiatis obtinentes, seu licentiati, in caputiis tantum, et non aliis vestibus, predictorum variorum possint folraturas deferre. Doctores autem, vel baccallarii legentes, si fuerint religiosi, nunquam sine capa clausa ; seculares autem sine capa rotunda, vel manica, seu tabardo longo legant, vel ad ecclesiam, vel intra villam peditando incedant. Doctores autem seculares, legentes Decretum ordinarie, cum capa rubea legere teneantur.

V. QUOD NULLUS STUDENS TRIPUDIET EXTRA DOMUM.

Item eadem auctoritate statuimus, quod nullus doctor, baccallarius, vel scolaris, extra domum suam, vel scolarium aliorum, ex quavis occasione vel causa, sub excommunicationis pena, tripudiet, vel chorizet.

VI. QUOD NULLUS STUDENS LUDAT.

Item statuimus, quod nulli scolastici, sub pena excommunicationis, intra vel extra domos quas inhabitant, ludant ad taxillos, aleas, vel alias quovis ludo, in quo pecunia perdi possit, nisi forte interdum ad solatium, vescendi causa, ad aliquid ludetur, quod duos solidos pro quolibet monete currentis nullatenus non excedat.

VII. QUOD NULLUS STUDENS PORTET ARMA.

Cum autem ex armorum fiducia prestetur audacia offendendi, statuimus et ordinamus, auctoritate predicta, quod nullus studens extra domum quam inhabitabit arma portet, cujuscumque conditionis arma existant, nisi verisimiliter dubitet per alium offendi, vel alias ab episcopo portandi arma licentiam, que sine magna causa concedi non debeat, obtineret; nec aliquis de Montepessulano, sciens esse discordiam inter scolares, locet vel accomodet arma alicui dissidentium eorumdem.

VIII. QUOD NULLUS STUDENS FACIAT COMPATREM VEL COMMATREM.

Item statuimus, quod nullus doctor, baccallarius vel scolaris, in villa Montispessulani, sub pena excommunicationis, quam in contrarium facientes incurrere volumus ipso facto, compatrem audeat facere, vel commatrem; quam penam etiam associantes talem in compaternitate facienda incurrant.

IX. QUOD INSOLENTIE CIRCA CARNISPRIVIUM NON FIANT.

Item, quia ex quibusdam insolentiis, [que] in studio Montispessulani, in die carnisprivii et diebus ejusdem vicinis, consueverunt fieri, multa olim scandala provenerunt, eadem auctoritate statuimus, quod in die dominica carnisprivii, et per totam septimanam, predictam dominicam precedentem, et duobus diebus sequentibus, nullus scolaris, per se vel familiares suos, cum armis vel sine, audeat ad domos aliorum scolarium incedere, pro carnibus vel aliis subtrahendis, vel quibusvis aliis insolentiis seu vanitatibus faciendis, quodque, diebus lune et martis post predictam diem dominicam et ante Cineres concurrentibus, etiam diebus dictam diem dominicam proxime precedentibus, scolares ad scolas, sicut in diebus aliis, incedentes, in eisdem scolis, dum lectiones legentur, pacifice morentur, non prohicientes paleas, lapides, vel quevis alia, nec per ablationem librorum, vel rumoribus, vel alias, impedientes quominus scolares suas audiant, et doctores et baccallarii perficiant lectiones, prout in aliis diebus est fieri consuetum.

X. DE ORDINATIONE LECTURE, ET PRIMO CIRCA JUS CANONICUM.

Circa ordinationem vero lecture, in primo statuimus et ordinamus, quod sint in studio Montispessulani, in facultatibus juris canonici et civilis, quatuor hore, juxta morem ibidem hactemus observatum, videlicet hora prima matutina, item hora tertie, item hora none, item hora vesperarum. In hora prima et matutina, legent soli doctores, per modum qui

sequitur : doctores enim legentes ordinarie Decretales intrabunt hora, ut
premittitur, matutina, in qua legent,
uno anno et integro, primum, quartum
et sextum libros Decretalium, et etiam
Clementinas; quo anno legent unus
vel duo doctores, vel alii, secundum
modum infrascriptum, ordinandum
pro extraordinario omnium doctorum;
hora vesperarum, totum librum secundum, et de tertio usque ad titulum
De prorothiis, exclusive; vel legent
cum dicto secundo libro, de quinto
titulum De accusationibus, De sententia excommunicationis, et De ver-
borum significatione, pro arbitrio illorum qui ad hoc inferius ordinantur.
Secundo autem anno, legentes ordinarie Decretales legent secundum,
tertium et quintum, in quo anno legetur hora vesperarum extraordinarie,
pro omnibus doctoribus, sextus liber
cum Clementinis, vel quarto libro.
Baccallarii autem juris canonici intrabunt ad lectiones suas hora tertie
vel none, prout duxerint eligendum,
qui quos libros voluerint de Decreta-
libus, sive legantur ordinarie, sive extraordinarie, sive non, legere poterunt,
dum tamen in eisdem lectionibus et
titulis cum legentibus ordinarium
vel extraordinarium eodem tempore
non concurrant. Item legentes ordinarie Decretum intrabunt semper hora
tertie, et in duobus annis legent complete, dicta hora, totum Decretum; ita
quod uno per eos a principio Decreti
usque ad decimam causam exclusive,
et tractatus De consecratione; in sequenti anno legetur residuum, videlicet a decima causa usque ad tractatum
De consecratione exclusive. Regentes
autem extraordinarium Decreti semper legent in vesperis, de alia parte
que non est pro illo anno legenti or-

dinarie assignata, in predicto quantum
commode poterunt procedentes.

XI. DE ORDINATIONE LECTURE CIRCA JUS CIVILE.

Doctores vero ordinarie legentes
jura civilia, uno anno Codicem, et
alio Digestum vetus legant; in qua
hora, anno quo legetur Digestum vetus, legent quatuordecim libros, videlicet primum, [excepto] Prohemio et
titulo De origine juris; item secundum, tertium, quartum, quintum,
sextum, septimum, octavum, duodecimum, tertiumdecimum, decimum-
nonum, vicesimum et vicesimum
primum, excepto titulo De edilitio
edicto, et vicesimum secundum; et
in ipso anno de eodem Digesto veteri
legentur extraordinarie per aliquem
seu aliquos doctores, seu alios sufficientes, infrascripto modo eligendos,
in hora vesperarum, decem libri in-
tegri, videlicet nonus, decimus, un-
decimus, quartusdecimus, decimus-
quintus, decimussextus, decimussep-
timus, decimusoctavus, vicesimus
tertius et vicesimus quartus, et de
primo Prohemium et tituli De origine juris, et De edilitio edicto. Eo
autem anno, quo ordinarie Codex legetur, hora predicta matutinali, doctores incipient et legent de primo
libro, in titulo De summa Trinitate,
usque ad titulum De hereticis exclusive, et titulum Ne sanctum baptisma,
cum sequentibus, usque ad titulum
De veteri jure enucleando exclusive,
et titulum De juris et facti ignorantia,
cum sequentibus, usque ad titulum
De statuis et imaginibus exclusive;
item totum secundum, tertium, quartum et sextum libros, et de septimo a
titulo De usucapione pro emptore,

usque ad finem hujus libri. Legens autem, seu legentes extraordinarium Codicis pro doctoribus, hora vesperarum, semper intrabunt, et legent de primo libro illa que secundum predicta per legentes ordinarie non legentur; item totum quintum, octavum et nonum, et a principio septimi usque ad titulum De usucapione pro emptore, exclusive. Item in predicto studio, uno anno legetur extraordinarie Digestum novum, et alio Inforciatum, per modum infrascriptum; videlicet quod illi qui illam partem Digesti novi legent, que Ordinarium Digesti novi vulgariter appellatur, legent hora tertie libros infrascriptos, videlicet primum, tertium, quartum, sextum, septimum et duodecimum. Legentes autem Extraordinarium Digesti novi, seu partem pro Digesti novi extraordinario deputatam, in hora nona intrantes, legent secundum et quintum, nonum, decimum et undecimum libros libri ejusdem. Cum autem legetur Inforciatum, legentes Ordinarium ipsius Inforciati communiter appellatum, intrabunt in tertiis, et legent titulum Soluto matrimonio; item librum quartum De testamentis, et quintum, excepto titulo, De testamento militari; item sextum De legatis primo, et septimum De legatis secundo, octavum De legatis tertio, nonum De annuis legatis, undecimum De conditionibus et demonstrationibus, duodecimum Ad Trebellianum. Legentes autem Extraordinarium Inforciati intrabunt hora none, legentes primum librum De impensis, secundum De tutelis, tertium De excusatione tutorum, decimum De alimentis legatis, tertiumdecimum De bonorum possessionibus, et quartumdecimum De operis libertorum. Item, dum le-

getur Codex ordinarie, poterunt haccallarii legere de Digesto veteri, hora tertie vel none, prout elegerint, quos et quot voluerint. Et cum Digestum vetus legetur ordinarie, poterunt de Codice modo legere supradicto. Legentes Institutiones intrare poterunt hora tertie vel none, prout duxerint eligendum. Hora autem vesperarum intrabunt legere volentes Authenticum, vel Tres libros Codicis, seu Usus feudorum. Item, hora doctorali nulli alii legent, quam doctores ordinarie, ut premittitur, legentes, nec in hora vesperarum nisi legentes extraordinarium pro doctoribus juris canonici vel civilis, exceptis legentibus Authenticum, Tres libros Codicis, seu Usus feudorum, prout supra proxime est expressum. Illud autem districtius inhibemus, quod nulli in studio Montispessulani, vel in aliis generalibus studiis quibuslibet, doctorati prohiberi possint legere Decretum, Decretales et leges ordinarie et extraordinarie, horis tamen et modis superius ordinatis, salvo quod supra de extraordinarie legentibus in vesperis pro doctoribus, certo modo eligendis, inferius est descriptum, et quod juramentum per alios doctores prestitum prestare teneantur. Ut autem libri, tam ordinarii, quam extraordinarii, possint plene et perfecte in lectura compleri, incipient legentes ordinarie Decretales et jura civilia in crastinum Sancti Luce, Decretales ipsas, seu partem eis ad legendum pro illo tempore assignatam, ultima die augusti ad longius, et Codicem eodem die, ac Digestum vetus, pro parte eis assignata, in festo Sancti Michaelis necessario terminantes. Legentes autem extraordinaria Decretalium et Codicis, et ff veteris, pro doctoribus, secunda die post dictum festum Sancti Luce, hora vesperarum, legere incipient, et uno die, antea quam ipsi qui extraordinaria legunt ad minus debeant lectiones suas, seu partem eis decretam, necessario terminare. Legens autem Decretum ordinarie incipiat etiam predicta secunda die, hora tertie, et in vigilia Nativitatis Beate Marie lectiones suas, et partem Decreti, sibi, ut premittitur, assignatam, necessario terminabit. Die autem qua incipiet legens ordinarie Decretum, in horis tertie et none, nullus intrabit. Legentes aliquos libros Decretalium extraordinarie incipient tertia die post festum predictum in tertiis, vel in nonis, continuantes tamen lecturam illa hora qua duxerint inchoandum. Legentes Ordinarium vulgariter appellatum Inforciati, vel ff novi, incipient tertia die, hora tertie. Legentes vero extraordinaria Inforciati, vel ff novi, in nonis incipient ipsa die. Legentes autem Authenticum, Tres libros, et Usus feudorum, poterunt incipere usque ad festum Omnium Sanctorum. Volentes autem legere Institutiones, et baccallarii novi in jure canonico indistincte, alii autem baccallarii tam in jure canonico, quam in civili, de licentia rectoris, facta fide de legitimo impedimento per proprium juramentum, post tempus poterunt incipere supradictum. — Sane legentibus ff novum et Inforciatum, et alios libros extraordinarie in jure canonico vel civili, non datur terminus ad finiendum, dum tamen, cessante causa rationabili, libros quos assumpserint legendos, seu partem cujuslibet assignatam, compleant, antequam futuri anni studium resumatur. — Ut autem magis ordinate et utiliter in lectura librorum ordinariorum, pro commodo legentium et audientium, procedatur, eadem auctoritate statuimus et ordinamus, quod doctores ordinarie in legibus, et alii extraordinarie legentes, in vesperis, pro eisdem legant secundum puncta eis per rectorem et consiliarios per dies quatuordecim, ut moris est, assignanda, eaque sub pena decem solidorum pro puncto quolibet, effectualiter complere teneantur, nisi ex causa probabili per rectorem super una lectione tantummodo, que tamen in sequenti puncto supleri debeat cum aliquo, fuerit dispensatum : in hujusmodi autem punctatis lectionibus, in diebus quatuordecim terminandis, non computentur lectiones sequentes, videlicet prima lectio in principio studii ; item, cum fiet solemne principium pro doctore; item, cum pro congregationibus, vel aliqua causa urgenti, pulsata campana, doctores ante mediam tertiam, vel circa, exire contigerit scolas suas ; item, cum doctores non possent hora solita, propter examinandis danda puncta, intrare. — Et ut doctores ipsi melius et utilius infra singula puncta suas habeant terminare lectiones, non teneantur nec debeant doctores juris canonici vel civilis in scriptis aliqua per eos dicenda dare scolaribus, nisi pro solutione contrariorum, nullo modo, vel minus perfecte, solutorum per glosam ordinariam, hoc utile forsitan extimarent : et quod de doctoribus dictum est, ut non debeant nec teneantur dicenda dare in scriptis, hoc in aliis extraordinarie quoscumque libros legentibus volumus observari. — Porro, quia interdum, propter inordinatas affectationes ad lecturam extraordinariam pro doctoribus admissi fuerunt indigni, eadem auctoritate statuimus et ordinamus, quod

ad legenda extraordinaria pro doctoribus juris canonici et civilis, hora,
ut premittitur, vesperarum; per rectorem et doctores illius facultatis ordinarie legentes, et consiliarios, eligatur
unus vel duo doctores, si sufficientes,
omnibus consideratis, occurrant, alias
licentiati vel baccallarii assumantur ;
et si predicti in una persona, vel duabus, non valeant concordare, rector
illum vel illos recipiat, in quem vel
quos major pars concordaverit predictorum. Et ut illi qui talia extraordinaria sunt lecturi se valeant melius
disponere ad lecturam, statuimus et
ordinamus, quod, singulis annis, omnes volentes legere ordinarie, prima
die legibili, post festum Beati Michaelis ad tardius, precise denuntiari per
scolas faciant ordinarie se lecturos ;
eadem die, vel sequenti, rectorem
adhibeant, ut, secundum modum predictum, legentes dicta extraordinaria
eligantur.

XII. DE VITANDO DISCURSU PER SCOLAS IN PRIMIS LECTIONIBUS LEGENTIUM.

Item statuimus et ordinamus, quod
prima die, qua doctores, licentiati,
etiam baccallarii, suas incipient lectiones, scolares seu baccallarii non discurrant per scolas, ipsos doctores, licentiatos, vel baccallarios visitando ; nec
etiam volumus quod baccallarii de novo
incepturi discurrant per hospitia scolarium vel baccallariorum, ut associent
eos ad scolas, pro faciendo principio
venientes ; sed sufficiat per bedellum
denuntiatio in scolis super baccallariorum principio facienda.

XIII. DE REPETITIONIBUS, CERTIS MODIS ET TEMPORIBUS FACIENDIS.

Item statuimus et ordinamus, quod
quicumque doctores in studio Montispessulani ordinarie vel extraordinarie
legentes teneantur saltem ter repetere
omni anno, cum oppositis et quesitis,
scilicet semel ante principium studii,
secundo ante Natale, tertio ante Pas-
cha; sic tamen, quod post inceptam lecturam non sit nisi una repetitio singulis septimanis in eadem facultate,
nisi doctor extraneus ibi vellet repetere ; qui ad hoc libere admittatur : et
in illa hora, qua talis doctoris extra-
nei, cui defferri congruit, fiet repetitio, non intretur in jure canonico vel
civili ; et idem in prima repetitione,
quam novus doctor faciet, volumus
observari : ad quas repetitiones extra-
neorum et novorum doctorum, baccallarii, super pena duorum solidorum, cessante causa rationabili, super
qua eorum stetur conscientie, venire
necessario teneantur.— Item, auctoritate eadem, statuimus et ordinamus,
quod in predicto studio Montispessulani nullus baccallarius vel scolaris
publice in scolis repetat in jure canonico vel civili; nec aliquis scolaris legat librum particularem, vel titulum
jure suo, nisi forte aliquis, anno immediate sequenti, ut baccallarius in-
cepturus, vellet post festum Pasche,
et non antea, pro sui exercitio, legere
aliquem librum vel titulum ; quo
casu, sibi liceat, petita prius rectoris
licentia, et obtenta.

XIV. DE FESTIVITATIBUS IN STUDIO OBSERVANDIS.

Item, quia per multas vaccationes, que in dicto studio consueverunt
indici, non tam utilitas, quam dispen-

dium, noscitur provenisse, eadem auctoritate statuimus, quod in diebus tantum sequentibus a lectura cessetur: videlicet in festis Sancti Luce, apostolorum Simonis et Jude, Omnium Sanctorum, Commemorationis mortuorum, Sancti Martini episcopi et confessoris, Sancti Ruphi episcopi et confessoris, Sancte Katherine virginis, Sancti Andree apostoli, Beati Nicolai episcopi, Conceptionis Beate Marie virginis, Lucie virginis et martyris, Sancti Thome apostoli; item a vigilia Nativitatis Domini, inclusive, usque ad Circumcisionem Domini, similiter inclusive; in Epiphania Domini, in festo Sancti Hilarii episcopi et confessoris, Sancti Antonii, Beatorum Fabiani et Sebastiani, Vincentii martyris, Conversionis Sancti Pauli, Purificatio [nis] Beate Marie virginis, Sancti Blazii, Sancte Eulalie, die Cinerum, Cathedre Sancti Petri, Sancti Mathie apostoli, Sancti Thome de Acquino, Sancti Gregorii pape, Sancti Benedicti, Annuntiationis Beate Marie virginis, Sancti Ambrosii episcopi; item a die mercurii septimane sancte inclusive, usque ad diem mercurii sequentem, similiter inclusive; in festis Sancti Marchi evangeliste, Sancti Petri, de ordine Predicatorum, Sanctorum apostolorum Philippi et Jacobi, Inventionis Sancte Crucis, Sancti Johannis ante portam latinam, Ascensionis Domini, Sancti Yvonis confessoris, Penthecostes, cum duobus diebus sequentibus immediate, Corporis Christi, Sancti Barnabe apostoli, Nativitatis Sancti Johannis Baptiste, Apostolorum Petri et Pauli, Sancte Marie Magdalene, Sancti Jacobi, Sancti Petri ad vincula, Sancti Dominici, Sancti Laurentii, Assumptionis Beate Marie virginis, Beati Lu-

dovici episcopi et confessoris, Sancti Bartholomei apostoli, Sancti Augustini, Decollationis Beati Johannis Baptiste; festum Miraculorum Beate Marie de Tabulis, Sancti Egidii, Nativitatis Beate Marie virginis, Exaltationis Sancte Crucis, Sancti Mathei apostoli, Sancti Michaelis archangeli, Sancti Jeronimi presbiteri, Sancti Francisci confessoris, Sancti Dyonisii, Sancti Firmini; et in diebus dominicis. In aliis autem diebus nullo modo vacent, nec cessationes de lectura, quacumque occasione vel causa, indicantur aut fiant, etiamsi septimana esset integra sine festo. — Pro funeribus autem studentium, illa hora duntaxat cessetur, qua corpus traditur ecclesiastice sepulture; proviso tamen quod propter hoc lectio ordinaria non perdatur. — Cum autem fiet solempne principium, illa die extraordinarie non legetur: insequenti autem die, ordinarie vel extraordinarie legetur, nec in cessatione diei crastine alicui, cujuscumque conditionis fuerit, deferatur.

XV. PER QUANTUM TEMPUS VOLENS LECTURAM ACCIPERE, DEBEAT AUDIVISSE.

Item, ne quis ad baccallariatum, et subsequenter ad doctoratum, nimis propere prosilire festinet, eadem auctoritate statuimus et ordinamus, quod nullus scolaris in jure civili audeat sibi tanquam baccallarius assumere proprio jure lecturam, nisi sex annis audiverit, vel pro majori parte singulorum annorum, presertim in studio generali; quique audiverit pro majori parte singulorum annorum libros legales, et de hoc fidem faciat rectori saltim per proprium juramentum : in jure autem canonico, nisi similiter

10

audiverit et studuerit per alios sex annos, et infra tempus predictum audiverit, duobus ad minus annis, Decretum, fidem, ut premittitur, super hoc rectori faciendo predicto, nullatenus ad lecturas jure proprio ut baccallarius admittatur ; hoc salvo quod, si provectus in jure civili per tres annos jus canonicum, vel provectus in jure canonico, et per quatuor annos jura civilia audivisset, possit tanquam baccallarius incipere, si se reputet ydoneum ad legendum, et de hoc fidem rectori faciat, ut supra.

XVI. QUOD NULLI ASSUMANTUR AD GRADUM BACCALLARIATUS, NISI CUM SOLEMPNITATE PRINCIPII.

Cum nonnulli scolares nostre Universitatis studii Montispessulani velint baccallariatus honorem assumere non principiando in scolis publice, ut est moris, et de hoc instrumentum signatum sigillo nostre Universitatis habere cupiant, et multi consueverint obtinere, idcirco nos Lucas de Ripa rector, et consiliarii studii supradicti, attendentes quod scolares, si sic fieret, ad predictum honorem furtim ascendere viderentur; bedelli etiam, qui toti Universitati inserviunt, suis portionibus debitis fraudarentur; in presenti consilio statuimus, et etiam ordinamus, domino Pontio Vassalli, priore de Pinhano, Magalone episcopi vicario, confirmante, quod nulli instrumentum de cetero concedatur, nisi publice principium fecerit in scolis, prout debet, nisi ei totum consilium, vel major pars, faceret gratiam specialem, et tunc ex legitima et necessaria causa.

Actum vigesima die martii, anno a Nativitate Domini millesimo tricentesimo sexagesimo, presentibus pro testibus Johanne de Sancto Amore et Martino Gilberti, consiliariis nostris. (*Article additionnel, d'insertion postérieure*).

XVII. PER QUANTUM TEMPUS LEGISSE DEBEAT, QUI AD PRIVATAM LICENTIAM VULT ADMITTI.

Postquam autem baccallarius in jure canonico vel civili quinque annis in dicto studio, vel alibi, legerit, de quo episcopo, vel ejus locumtenenti examinatori fidem faciat per proprium juramentum, possit, et non antea, dum tamen alias ydoneus et approbatus fuerit, doctorari. Ubi autem baccallarius per triennium legisset, et taliter legendo et studendo profecisset, quod dignus magisterio haberetur, dispensari possit cum tali per episcopum Magalonensem, de doctorum Montispessulani, vel majoris partis eorum, consilio et consensu. Ubi autem aliqui in jure canonico et civili baccallarii, in utroque jure, simul vel separatim, peterent doctorari, possit episcopus modo predicto cum prefatis baccallariis, dummodo sex annis inter utrumque jus legerint, et sufficientes fuerint, dispensare. — Sane, ne super lectura baccallariorum et completione [ac] perfectione lecture librorum quos debent legere, secundum modum superius ordinatum, fiat interpretatio minus stricta, eadem auctoritate statuimus et declaramus, quod, si predicti baccallarii continue, casu vel occasione aliquo seu aliqua contingenti, per singulos quinque annos hujusmodi libros, vel partes librorum, non possint [legere], si tamen singulis annis continuis, vel interpaulatis, legerint quatuor partes librorum, vel cursus eis, ut premittitur, deputatos, perinde quinque annis legisse, [et] cursum lecture complevisse, ut a doctoratu impediri non valeant; reputentur, ac si libros ipsos complete legissent, et cursum lecture totaliter complevissent.

XVIII. DE MODO LICENTIANDI, ET MULTIS PREPARATORIIS AD DOCTORATUM.

Item, prefata auctoritate, statuimus et ordinamus, quod, cum aliquis baccallarius, perfecto lecture predicte cursu, in jure canonico vel civili voluerit doctorari, cum doctore sub quo presentabitur adeat doctorum priorem Montispessulani; qui prior, exposito sibi qualiter baccallarius vult subire examen, ad certam diem et horam convocans omnes doctores, legentes et non legentes, Facultatis illius, etsi in alio generali studio legentes insignia doctoratus [receperint], dummodo alibi doctorati episcopo, secundum tenorem Privilegii domini Nicolai pape quarti, prestiterint juramentum, presentibus ipsis doctoribus, excepto presentante, super moribus et natalibus, auctoritate dicti episcopi, summarie et extrajudicialiter se informet; et si prior predictus, cum doctoribus facta informatione, reputaverit eum ydoneum in predictis, ipse prior, vel aliquis alius doctor ab eo deputatus, et doctor presentans, et baccallarius presentatus, ad episcopum Magalone, vel ab eo deputatum, vel, sede vacante, ad archidiaconum majorem, si presens fuerit, vel, eo prepedito, ad secundum, vel, illis prepeditis vel absentibus, ad tertium archidiaconum, vel, omnibus deficientibus, ad officialem episcopatus accedant; qui, ad relationem dicti prioris, vel deputati ab ipso, immediate presentatum, quantum ad natalia et mores approbans et reputans approbatum, ad instantiam dicti doctoris presentantis, diem ad dandum puncta [et] examinandum baccallarium in privata examinatione debeat assignare: qua die illius Facultatis doctores predicti, per episcopum, vel deputatum ab eo, ut supra, vocati, et singuli per duos baccallarios vel scolares, ut moris est, associati, ad ecclesiam Beati Firmini, hora matutina, ante introitum lectionum, debeant, pro assignandis punctis, venire; et ibidem in jure civili per duos doctores illius Facultatis, per episcopum vel deputatum ab eo electos, una lex Codicis, et altera ff veteris, que ex bina apertione librorum, ita quod post primam apertionem vel secundam possint ante vel retro volvere duas cartas, a casu, sine alia provisione, occurrerint, singulariter assignentur; et idem in jure canonico de una decretali et uno capitulo Decreti per omnia observetur. Et eadem die, inter nonam et vesperas, in domo episcopali, pro examinatione baccallarii, dicti doctores ejusdem Facultatis debeant, sub pena excommunicationis, cessante impedimento legitimo, convenire; qui doctores, non odio vel ex invidia, amore, prece, vel pretio, sed cum pura conscientia, in examinatione hujusmodi procedentes, diligenter baccallarium examinent, opponendo, ut moris est, et querendo: ita tamen quod ultra duo argumenta et unam questionem circa materiam, cum uno argumento pro et contra, baccallario nullus ex ipsis doctoribus super qualibet lege vel capitulo faciat, argumenta singula contra solutionem seu responsionem per baccallarium faciendam tantummodo faciendo. — Cum autem dictus baccallarius examinatus fuerit, ut prefertur, doctores ipsi, antequam de domo episcopali recedant, absente doctore presentante et baccallario presentato, coram episcopo, vel deputato ab eo, vel archidiacono, secundum modum predictum, adhibito notario, de sufficientia vel insufficientia baccallarii, et an examinatus sit dignus approbari, vel tanquam indignus debeat reprobari, secundum Deum et suas conscientias, et sub virtute juramenti in privata cujuslibet eorum examinatione episcopo prestiti, secreto et sigillatim deponere teneantur. Qua hora vesperarum, per quoscumque illa hora legentes legatur, ac si examinatio nulla foret. Post quam examinationem episcopus, vel deputatus ab eo, vel archidiaconus, ut prefertur, infra tres dies predictum baccallarium examinatum, juxta doctorum qui in examinatione presentes fuerint depositiones, quorum doctorum, vel majoris partis ipsorum, depositionibus stari omnino debeat, approbans vel reprobans, ipsum admittat ad examinationem publicam et solempne principium, vel repellat : et, si repellendus baccallarius fuerit, secrete, et cum minori confusione qua poterit, repellatur.

Item, eadem auctoritate, statuimus et ordinamus, quod, si forte contingeret quod aliquis baccallarius, ad publicam, ut premittitur, examinationem et faciendum solempne principium jam admissus, propter paupertatem, vel aliam causam, non posset, vel etiam nollet simul doctorari, ad faciendum suum solempne principium, seu doctoratum recipere, infra certum tempus, vel etiam quandocumque, in Montepessulano nullatenus compellatur, nec ad hoc juramento, vel alias quomodolibet astringatur ; sed in suo

sit arbitrio vel nullo modo doctorari, vel alibi recipere insignia doctoratus, licet equum et condecens reputemus, quod, si pro tempore doctorari intendat, ibidem ubi honorem et utilitatem receperit, recipiat, si commode possit, insignia doctoratus. Illud autem adhicimus, quod baccallarius ab uno presentatus doctore, libere poterit sub eodem doctore doctorari, qui eum presentaverit, vel quovis alio quem elegerit; nec aliquis nisi sub uno tantum doctore in una Facultate valeat doctorari ; possit etiam baccallarius quemvis doctorem, legentem vel non legentem, eligere, sub quo ab initio presentetur, nec presentans vel presentatus, per doctores alios, directe vel indirecte, valeat prohiberi.

Sane, ut omnis pompe et expensarum inutilium occasio auferatur, volumus, et auctoritate predicta statuimus et ordinamus, quod constitutio felicis [memorie] domini Clementis pape quinti, super expensis in solempni principio faciendis, sic effectualiter et efficaciter observetur, quod doctorandus non possit, per se nec per alios, nec de bonis suis, nec de bonis amicorum, vel aliquo modo sibi donatis, ultra tria millia turonensium argenti expendere, omnibus expensis, que ratione doctoratus fient, per omnia computatis ; salvo insuper quod in constitutionibus domini nostri prefati Benedicti pape duodecimi super expensis monachorum doctorandorum extitit ordinatum, quod sine aliqua fraude inviolabiliter observare baccallarii in manibus episcopi, cum [per] examinationem privatam fuerint approbati, firmare debeant proprio juramento. Item, in predicto doctoratu, vel hujus occasione vel causa, nullus scolaris, vel quicumque alius, faciat paramenta, vel quascumque alias vestes, alias non facturus; nec baccallarius, vel alius pro eo, alicui doctori, preterquam illi tantummodo, sub quo solo, ut predictum est, doctorabitur, teneatur nec valeat dare vestes. Bedello autem generali, aut banquerio doctoris sub quo faciet suum principium, dabit doctorandus vestes completas novas cum competentibus folraturis : aliis autem bedellis, seu banqueriis, vestes dare, nisi voluerint, nullatenus compellantur. Qui autem contra prohibitionem predictam, in faciendis paramentis, vel dandis vestibus. venerint, extimationem paramentorum et vestium Universitati solvere teneantur.

Item, auctoritate predicta, statuimus et ordinamus, quod pro publica vel privata examinatione, vel solempni principio alicujus baccallarii, seu aggregatione doctorum collegio facienda, vel pro quovis alio, nichil pecuniarum, vel aliquid aliud, tempore doctoratus, vel antea, seu post, episcopus, rector vel doctores, communiter vel divisim, vel alius seu alii pro ipsis, seu aliquo predictorum, a noviter doctorando, vel doctorato, directe vel indirecte, exigant seu recipiant, excepto juramento, quod episcopo, secundum modum prestandum est infrascriptum ; nec aliquis baccallarius, vel noviter doctoratus, ad dandum vel promittendum aliquid, directe vel indirecte, predictis, vel alicui eorumdem, communiter vel divisim, juramento vel alias astringatur, neque voluntarie ad predicta, vel aliqua predictorum, doctoratus vel doctorandus se obliget, vel juramento astringat; nec jurare cogatur etiam doctorandus, quod ex tunc aliis doctoribus dare teneatur consilium vel juvamen, quodque dare non valeat consilium

contra eos. Rector autem et doctores, ac doctorati seu doctorandi contrarium facientes, ipso facto excommunicationis incurrant sententiam, et doctores ipsi a doctorando alios sub se per biennium sint suspensi.

Item, eadem auctoritate, statuimus et ordinamus, quod illi qui fuerint ad privatam examinationem admissi, occasione predicte examinationis, nullas expensas in prandiis vel cenis, in datione potus, vel specierum, seu alias quomodocumque, in die qua fiet examinatio, vel proxime sequentibus, audeant facere; alioquin de toto illo anno ad licentiam doctoratus minime admittantur. Per hoc tamen non excludimus quin predictis diebus bedellus et banquerii, si convitati fuerint, possint comedere cum eodem.

XIX. — DE MODO DOCTORANDI ET SOLEMPNE PRINCIPIUM FACIENDI.

Item, ut ordo et forma debiti in solempnibus doctorum principiis observentur, auctoritate predicta statuimus et ordinamus, quod, cum dies publice examinationis advenerit, doctores utriusque juris, more solito, intrent de mane ad ordinarias lectiones, et circa mediam tertiam pulsetur Universitatis campana, et exeant statim doctores; et tunc baccallarius doctorandus, pedes semper et sine equis, et simpliciter, sine tubis, una cum doctore suo et aliis qui eum voluerint honorare, ad quem associationis honorem se omnes scolastici reddant promptos, vadat ad ecclesiam Beate Marie de Tabulis, ad quam dicta hora doctores, baccallarii et scolares debeant convenire; in qua ecclesia ad publicam examinationem et dandum licentiam ad faciendum solempne principium, et recipiendum insignia doctoratus, ut infra sequitur procedatur. — Quod autem dictum est de equitando, locum habebit, nisi persone debilitas aliud suaderet, quo casu cum doctore suo et octo aliis personis, ac bedello generali, et uno banquerio, et non ultra, possint baccallarii usque ad ecclesiam equitare. Predictus autem numerus equitantium in comitando pro veniendo ad ecclesiam et ad prandium nullatenus accedatur. — Cum autem doctorandus ad dictam ecclesiam Beate Marie venerit, et studentes ibidem fuerint congregati, leget doctorandus unam legem de libro qui ordinarie illo anno legetur, vel unum decretum, sine longa tituli continuatione et alia prefatione ad essentialem legis vel decreti materiam descendendo; qua lecta, surgent volentes arguere, argumenta a doctorando prestita nullatenus facientes : et cum per eum aliquibus argumentis fuerit arbitrio episcopi seu presidentis responsum, presidens ille, cum omnibus doctoribus Facultatis illius ad altare Beate Marie accedens, doctores ipsos interrogabit de sufficientia vel insufficientia examinati publice doctorandi; et, si ab ipsis doctoribus baccallarius ydoneus fuerit reputatus, dictus presidens, ad proprium locum revertens, recepto a doctorando, sub infrascripta forma, juramento, primitus facta aliqua juxta materiam propositione, approbabit baccallarium, dando sibi licentiam legendi, regendi, docendi, repetendi, disputandi, et omnes actus doctorales agendi in dicto studio et ubique terrarum, prout in Privilegio apostolico, concesso in fundatione studii, continetur. Quo peracto, dictus licentiatus cum propositione debita precedenti a doctore suo petet insignia consueta, videlicet cathedram, librum, birretum, osculum et benedictionem ; que incontinenti doctor cum aliqua alia etiam propositione sibi publice exhibebit : et, hiis actis, doctoratus, tanquam novus doctor, incipiet legem unam legere, vel decretum, et, casu posito, cum doctore suo ibit ad altare predictum, oblationem et orationem aliquam faciendo ; et per hoc solempnitas principii terminetur.

XX. — DE ELECTIONE RECTORIS ET CONSILIARIORUM.

Item, super electione et statu rectoris et consiliariorum studii Montispessulani in jure canonico et civili statuimus et ordinamus, quod sit semper unus rector in prefato studio, cujus officium duret per annum integrum, a festo Purificationis inchoandum, et in eodem festo, anno revoluto, regulariter terminandum ; qui rector uno anno esse debeat de natione que dicitur esse Provincialium, et secundo Burgundorum, tertio anno autem Cathalanorum, et eodem ordine successivis perpetuo temporibus observetur. Sint etiam in eodem studio duodecim consiliarii, clerici, quorum officium eodem tempore inchoari et terminari debeit ; quorum consiliariorum unus de canonicis ecclesie Magalone, alius de villa Montispessulani, alii autem secundum nationes et provincias nationum, prout observatum est hactenus, assumantur. Rector autem semper clericus existat, et de legitimo matrimonio procreatus ; et tam ipse quam consiliarii, viri providi, pacifici et maturi, et in quibus magis splendeat animi probitas, quam generis nobilitas, assumantur :

qui etiam rector et consiliarii, clerici, ut premittitur, existentes, etatis sue annum vicesimum quintum necessario debeant complevisse. Eligentur autem futuri rector et consiliarii hoc modo, videlicet quod rector regens actu, post medium mensem januarii, cum sibi videbitur, convocabit omnes consiliarios in domo Predicatorum, vel in aliquo alio loco honesto, ubi rectori videbitur expedire, et eisdem convocatis aperiet quod eos vocaverit pro futuro rectore et consiliariis eligendis, ac exacto ab eisdem corporali primitus juramento, quod ipsi nominabunt rectorem et consiliarios tales, per quos crederent honori et utilitati studii provideri, et quod usque ad publicationem rectoris et consiliariorum futurorum temporis, illos quos elegerint, vel in quos et utrum concordaverint, alicui nullatenus revelabunt, exquiret rector vota singulorum consiliariorum, et primo vota illorum de quorum nationibus rector et consiliarii assumentur, et postmodum aliorum : et si quidem omnes consiliarii, vel major pars omnium ipsorum, in certa persona rectoris, adjunctis personis consiliariorum, duxerint concordandum, illi de quibus concordia fuerit habita per rectorem actu regentem et consiliarios futuros continuo eligantur. Ubi autem consiliariorum, vel majoris partis eorum, non esset concordia, ymo unum media pars consiliariorum, et altera medietas alium nominaret, rector possit, in tali vocum paritate, illum ex nominatis eligere, de quo sibi magis expediens videatur. Ubi autem tres vel plures per dictos consiliarios contingeret nominari, rector illum qui plures voces, habita comparatione numerorum, habuerit, eligere teneatur.

Ubi autem, tribus, vel pluribus nominatis, esset vocum paritas, rector gratificare poterit quem eligat ex predictis. Et ubi predicta prima die non potuerint expediri, secunda et tertia, et totiens rector et consiliarii conveniant, donec fiat electio per concordiam, vel modo aliquo ex premissis : et cum per concordiam vel alias, secundum modum predictum, fuerit ad supradictorum electionem processum, ibidem ad cautelam, sine alia juris solempnitate, scribantur nomina eorum, qui in rectorem et consiliarios electi fuerint, et scriptura illis sigillis, tam rectoris quam trium ad minus consiliariorum, quorum singuli sint de singulis principalibus nationibus, sigilletur, et sub sigillis predictis secreto servetur, donec, congregata Universitate, in vigilia dicti festi Purificationis Beate Marie, rectoris et consiliariorum futurorum electio publicetur; que publicatio fiet hoc modo, videlicet per sonum campane, et denuntiatione facienda per scolas ; quod, congregata Universitate predicta, rector cum consiliariis antiquis secedat ad partem, et aperta scriptura, et eadem recognita et perlecta, ipsis rectore et consiliariis ad Universitatis congregationem reversis, dictus rector, vel alius pro eo, aliqua propositione decenti premissa, futurorum rectoris et consiliariorum electionem in Universitatis presentia publicabit, ipsos rectorem et consiliarios sic electos super recipiendis impositis eis officiis, ac procurandis et conservandis honore et commodo Universitatis, et statutis servandis salubriter exhortando : post quam publicationem dicti rector et consiliarii antiqui, adjunctis sibi illis de quibus eis videbitur expedire, electum in rectorem rogent et inducant, ac eidem injungant, quod officium recipiat rectoratus; et postquam dictus electus consensum electioni prestiterit, prefati rector et consiliarii antiqui promovere debeant confirmationem per Magalonensem episcopum, vel ejus locumtenentem, juramento sub infrascripta forma prestito, faciendam. Ad quam confirmationem faciendam dictus episcopus gratis, et sine aliqua difficultate et juris solempnitate et more dispendio, procedere teneatur. Et donec predictus electus in rectorem fuerit confirmatus, rector antiquus cum suis consiliariis debeant officia, sicut prius, per omnia exercere. Ubi autem electus in rectorem nullis precibus seu inductionibus ad recipiendum officium noluerit inclinari, ab omni honore, privilegio et commodo studii perpetuo sit privatus, nisi episcopus cum eodem, de consensu rectoris qui esset pro tempore, et majoris partis consiliariorum, post unum annum duxerit dispensandum; que pena et dispensatio ad dictos consiliarios extendatur. Et in predicto casu, quo electus in rectorem nollet electioni hujusmodi consentire, rector antiquus, cum consiliariis, tam antiquis quam novis, qui officia juramento prestito recepissent, rectorem alium modo eligant supradicto. — Porro, ubi rectorem post officii assumptionem, et sequtam confirmationem, mori contingeret ante annum administrationis sue completum, tunc per consiliarios ad hoc specialiter congregatos aliquis bonus et discretus, de natione ejus rectoris qui mortuus erit, in rectorem, si ante festum Beati Johannis Baptiste hujusmodi mors contingeret, si autem post predictum festum contingeret, in vices gerentem

rectoris, de omnium, vel majoris partis consiliariorum, etiam partium comparatione numerorum, concordia eligatur, ut supra expressum est, et per episcopum confirmetur. Et ubi predicti consiliarii circa electionem hujusmodi forsitan existentes in paritate numeri, vel alias, taliter discordarent, quod secundum modum predictum procedi ad electionem hujusmodi non valeret, adjungantur ei[s]dem tres boni de studio, et provecti, singuli de singulis nationibus supradictis, per consiliarios ipsos electi; quibus sic electis, majori parti, omni etiam partium comparatione minoris, tam consiliariorum quam illorum trium, in electione stetur predicta. Ubi vero rectorem de studio recedere contingeret, tempore sui regiminis non completo, possit ipse rector cum consilio consiliariorum, vel majoris partis eorum, facere locumtenentem, similis nationis et conditionis per omnia, sicut dictum est de rectore; qui tamen locumtenens ultra mensem officium non exerceat, nisi per episcopum, juramento prestito, ut supra de rectore scribitur, fuerit approbatus. Illud autem adicitur, quod, si rectorem contingeret mori post kalendas decembris, consiliarii possint rectorem novum, tam pro tempore illo quod de anno restat illo, quam pro toto sequenti anno, rectorem tamen de illa natione eligere, de qua esset sequenti anno, secundum cursum temporis, eligendus; servata forma et aliis que de rectore, seu vices gerente, in locum mortui ante kalendas decembris electo, supra proxime est expressum; consiliariis tamen primis durantibus usque ad predictum festum Purificationis; quo tempore fiet, secundum modum predictum, nova electio aliorum. — Sane, ubi consiliarios, unum vel plures, tempore consiliarie sue mori contingeret, substituatur in locum illius, seu illorum, per rectorem, cum consilio aliorum consiliariorum nationis illius, alius vel alii ejusdem provincie, loci, vel ecclesie, de quibus consiliarius vel consiliarii fuerant decedentes, ut scilicet cum consilio consiliariorum de natione Provincialium fiat subinstitutio canonici Magalone et existentis de Montepessulano, et aliorum nationis predicte; et idem [de] aliis observetur. Cum autem dictos consiliarium, seu consiliarios, sollicitudinis sue tempore, a predicto studio contingerit absentare, possit se absentans aliquem ydoneum sue conditionis, quantum ad nationem, provinciam, locum seu ecclesiam, rectore certificato, pro tempore sue absentie, subrogare; qui sic subrogatus juramentum rectori prestare habeat, quale prestitit qui recessit. — Postquam autem rector per episcopum fuerit, ut premittitur, confirmatus, antequam administret, Universitati jurabit in forma inferius annotata. Consiliarii autem, postquam prestiterint assumptioni de se facte consensum, sub infrascripta forma jurabunt; hoc salvo quod, si canonici Magalone consiliarii non consueverint jurare, per presentem constitutionem ad prestationem juramenti hujusmodi nullatenus astringantur.

XXI. QUIS HONOR SIT RECTORI STUDII IMPENDENDUS.

Item, ut rectori Universitatis studii honor debitus impendatur, predicta auctoritate statuimus, quod rector in omni congregatione, omnibus etiam actibus scolasticis, debeat precedere doctores, baccallarios et scolares, cujuscumque gradus, conditionis, vel status existant; quodque in scripturis per Universitatem faciendis, in sedibus et solempnibus principiis, et quibuscumque aliis actibus dicti studii [presit]; illud adicientes, quod rectores ipsi statuto super taxatione vestium, suo durante officio, non arcentur, nec etiam, finito officio, ad repetendum officium, vel aliud assumendum, nec ad juramentum prestandum, nec ad aliqua statuta observandum, preter illa que honestatem concernunt, ullatenus astringantur; quibus, in honorem pristini officii, semper postea, quandiu erunt in studio, ab studentibus defferatur.

XXII. DE PREROGATIVA HONORIS INTER DOCTORES ET BACCALLARIOS OBSERVANDA.

Item statuimus, quod in congregationibus et aliis actibus scolasticis, doctores baccallariis et scolaribus, cujuscumque dignitatis vel status fuerint, preferantur; etiam inter doctores, qui utriusque juris doctores erunt, aliis; et juris canonici doctores, juris civilis doctoribus; et seniores junioribus preferantur. Doctor actu legens Decretum, doctores ceteros, etiam juris utriusque, vel canonici, antecedat.

XXIII. DE COLLECTIS COMMUNIBUS IN STUDIO FACIENDIS.

Item, ad relevationem scolarium, et onera cereorum que fient et tenebuntur pro missa Beate Marie, et funeralibus pro pauperibus, et anniversariis, et alia onera incumbentia sine gravi dispendio supportanda, statuimus quod singulis annis baccallarii

11

quicumque incipientes, seu legentes in jure canonico vel civili, debeant solvere quatuor solidos monete currentis; nec ante in scolis denuntientur per bedellum ad lectiones suas, donec satisfecerint de eisdem. Scolares autem, cujuscumque conditionis existant, siquidem beneficiati sint, ultra summam quinquaginta librarum in redditibus obtinentes, vel socium teneant, duos solidos monete currentis; alii duodecim denarios, tempore quo fiet prima collecta doctorum, irremissibiliter solvere teneantur. Ad istas autem pecunias et quascumque alias Universitatis, debitas seu obvenientes, recipiendas et conservandas, duo providi et fideles scolares Universitatis predicte, juramento de fideliter administrando astricti, per rectorem et consiliarios annis singulis immediate, dum predicti rector et consiliarii sui ad officia sua electi fuerint, assumantur; qui in arca, de qua infra dicetur, pecunias predictas conservare, et ad voluntatem rectoris et consiliariorum, vel majoris partis eorum, et non aliter, expendere habeant, et in fine anni, futuris rectori et consiliariis fidelem debeant reddere rationem; et illud quod, reddita ratione, in reliquis remanserit, teneantur successoribus suis in dicto officio fideliter assignare. Predicti autem ad recipiendas predictas pecunias assignati, die qua fiet per doctores collecta, portatis libris ad hospitia ipsorum doctorum, ibunt ad domos ipsorum, et ibidem libros omnes, qui pro collecta portati fuerint, numerabunt, ut pro singulis libris ad domum portatis doctorum, quilibet doctor de collecta secundum predictam quantitatem unius vel duorum solidorum debeat respondere. Predicti autem collectores, ut facilius recipiant com

missam sibi sollicitudinem, et fidelius administrent, ab omnibus collectis Universitatis, et omnibus aliis quibuscumque ratione studii quomodolibet contingerit evenire, illo anno et sequenti, per omnia excusentur. Alie autem collecte regulariter non fiant in studio, nisi ardua et periculosa negotia contingeret evenire; quo casu, rector cum consiliariis suis, et sex aliis baccallariis vel scolaribus, de singulis principalibus nationibus, quos tanquam magis providos et expertos dictus rector cum consensu consiliariorum, vel majoris partis eorum, specialiter vocatorum, duxerit eligendos, habeat convocare; et, si, expositis per ipsum rectorem evenientibus negotiis, et negotiorum hujusmodi qualitate, omnibus, tam rectori quam consiliariis, quam predictis decem octo vocatis, vel duabus partibus omni[um] eorumdem, collecta videbitur rationabiliter et utiliter imponenda, tunc et congregata Universitate, et exposita ipsi Universitati necessitate seu evidenti utilitate, ac considerato negotio et negotii qualitate, fiat et indicatur collecta tante pecunie dicte Universitati ibidem publice predicende, non ultra, non obstante quorumcumque contradictione, que crederetur verisimiliter pro ipso negotio opportuna: que pecunia etiam per dictos duos deputatos recipiatur, et arbitrio rectoris et consiliariorum, ut premittitur, in negotio vel negotiis pro quibus indicta fuerit, expendatur.

XXIV. DE CONSERVATIONE PECUNIE UNIVERSITATIS.

Pro tuta autem custodia dicte pecunie, et aliarum pecuniarum ipsius

Universitatis, sigilli, privilegiorum dicte Universitatis, et presentium statutorum, auctoritate predicta statuimus, quod fiat una fortis et bene ferrata capsa, ponenda et tenenda in sacristia Fratrum Predicatorum, vel alibi, prout rectori et consiliariis videbitur expedire ; in qua capsa unum medium fiat, ita quod capsa ipsa habeat duas partes adinvicem separatas, quarum una possit sine altera, clausa firmiter remanente, libere aperiri. In una autem parte capse conservabitur sigillum et statuta predicta, instrumenta et privilegia Universitatis predicte; in qua parte erunt tres claves seu serrature diverse, quarum unam rector, alias duas consiliarii duarum nationum aliarum quam rector fuerit, conservabunt. Absentans autem se rector locumtenenti suam clavem, consiliarii autem suas claves alicui ex aliis consiliariis sue nationis assignent, ita quod nullo casu ullus valeat duas claves conservare. Caveant autem claves tenentes, ut sine aliis consiliariis, vel majori parte eorum, et ubi de magno et arduo seu periculoso negotio ageretur, sine Universitatis conscientia, aliqua non sigillent, si falsitatis crimen et excommunicationis sententiam, quam in contra facientes ferimus, voluerint evitare. In alia autem parte capse, in qua erunt due claves diverse, quarum singulas predicti duo deputati ad recipiendas pecunias conservabunt, predicte et quecumque alie Universitatis pecunie servabuntur.

XXV. DE COLLECTIS DOCTORUM.

Item, eadem auctoritate statuimus, quod, quando doctores legentes ordinarie suas collectas voluerint facere,

simul omnes in eadem die, de qua die per se, alias rectore interposito, debeant concordare, primam collectam, ex duabus quas tantum possint facere, et non ultra, faciant inter festum Sancti Andree et festum Natalis Domini ; secundam autem, que pro banchis fieri consuevit, vel etiam pro doctorum salario, si in prima collecta forte non fuerit satisfactum, inter festum Natalis Domini et Carnisprivium facere teneantur : ita quod, absque aliqua promissione in scolis facienda, quilibet scolaris decem solidos usualis monete pro tallia doctoris, et quinque solidos pro banchis solvere teneatur, nec ad plus, nisi liberaliter dare voluerit, valeat coartari. Doctores vero legentes Digestum novum vel Inforciatum, vel Tres libros Codicis, vel Auctenticas, seu Usus feudorum, vel librum Institutionum, nichil a scolaribus, qui eos audire voluerint, pro collecta exigant, nisi cum ipsis scolaribus, in principio lecture, de dando salario convenissent ; et tunc pro collecta, semel tantummodo facienda, octo solidos monete currentis exigere valeant, et non ultra, proviso quod doctores ipsi dictos libros legant in horis duntaxat, secundum diversitatem librorum, superius ordinatis. Doctores autem legentes extraordinarium Decreti, seu extraordinaria pro doctoribus, hora vesperarum, in jure canonico vel civili, nichil exigant, nisi forte pro scientie doctoris eminentia scolares, in principio lecture, se ad certum salarium voluntarie obligassent.

XXVI. DE ELECTIONE BEDELLI.

Item, eadem auctoritate statuimus et ordinamus, quod in studio Montispessulani juris canonici et civilis sit semper unus solus bedellus generalis, qui perpetuus esse debeat, nisi ex causa rationabili per rectorem, cum consiliariorum consilio et consensu, officio privaretur; cujus electio sic fiet; quod cedente, vel decedente bedello hujusmodi, vel privato, rector, suis consiliariis convocatis, de eorum, vel majoris partis ipsorum consensu, bedellum eliget, quem aptum, ydoneum et fidelem crediderit, ad hujusmodi officium exercendum ; qui bedellus administrare nichil poterit, donec, juramento, secundum infrascriptam formam prestito rectori, presentibus consiliariis, fuerit per episcopum simpliciter, et sine solempnitate juris aliqua et more dispendio, confirmatus.

XXVII. DE OFFICIO BEDELLI.

Officium autem bedelli infrascriptis consistet : primo in tenendo clavem campanilis, ut ejus nutu et ministerio campana pulsetur modis debitis, et temporibus consuetis; et ut certius horis debitis campana pulsetur, horologia bedellus teneat infra domum. Item denuntiabit in propria persona in singulis scolis, post mediam tertiam, festa, disputationes, repetitiones, et omnium extraordinarie legentium, qui hoc petierint, lectiones, puncta et vaccationes, ac omnia et singula que in scolis denuntianda de more occurrent. Si tamen legitimo impedimento ipse bedellus fuerit impeditus, predicta faciet per aliquem de banqueriis, quem ad hoc reputaverit magis aptum. Item, ad mandatum rectoris, precipiet dictus bedellus illa que ad rectoris officium pertinebunt. Item, cum ad officium assumetur, ydoneam

cautionem prestabit, quod infra tres annos, a receptione officii computandos, petias textuum et glosarum juris canonici et civilis, ac Summe et Lecture Hostiensis, et Apparatus Innocentii et Johannis Andree, in sexto libro Decretalium et Clementinis taxatas, et bene correctas, habebit pariter et tenebit ; ita quod infra duos primos annos habeat petias omnium librorum in textu et in glosis juris canonici et civilis ; tertio autem anno habere predictas Summe et Lecture Hostiensis et Apparatus Innocentii [et] Johannis Andree petias teneatur. Presens autem bedellus, cui propter diversos labores, quos pro Universitate sustinuit, deferri convenit, infra quinquennium, a die publicationis presentium statutorum, habere omnes predictas petias teneatur. Illud autem presens et futuri bedelli observent, quod primo petias librorum ordinariorum, subsequenter extraordinariorum, in textu et glosis, habea[u]t, et ultimo postea aliorum. Item, dictus bedellus, nedum in scolis, ymo omnibus baccallariis studii, repetitiones doctorum aliunde venientium, per se vel alium, nuntiabit. Habebit etiam bedellus predictus statuta infrascripta, et kalendarium continens festa solummodo in quibus non legetur ; quod kalendarium sic diligenter habeat observare, quod, sub pena excommunicationis, alia festa, vel cessationes a lectura, non denuntiet, nisi prout in kalendario, secundum presentem ordinationem conscripto, vel alias in statutis presentibus, continetur. Predictus siquidem bedellus, ad differentiam scolarium et banqueriorum, virgam viridis coloris ubique, exeundo domum suam, portabit patenter. Ne autem sine mercede bedelli labor existat, ordinamus quod predictus bedellus a singulis baccallariis duos solidos, a singulis autem scolaribus duodecim denarios ad minus recipiat, et exigere valeat, pro labore.

XXVIII. DE OFFICIO BANQUERIORUM.

Circa banquerios autem et eorum officium, sic duximus providendum, quod quilibet doctor actu legens ordinarie habere poterit suum banquerium specialem ; qui banquerius, jurans, in principio officii sui, rectori ac suo doctori quod fideliter officium deputatum ab olim banqueriis exercebit, tamdiu durabit in officio, et non ultra, quandiu doctor suus continuabit lecturam, et eum voluerit in officio permanere. Doctore autem dimittente lecturam, vel eum nolente in officio remanere, ipsius banquerii officium seu ministerium, et effectus ejus, totaliter terminetur, ne sic nunquam si[n]t nec reputentur in studio plures banquerii quam doctores actu legentes ; hoc salvo quod banquerii qui sunt hodie, cum dicantur diutius servivisse, quandiu vixerint possint in officio remanere, et quod doctores volentes legere de illis, et non alios, teneantur recipere, quandiu vellent fideliter, et utiliter poterunt in officio laborare, officium banqueriorum : et quod doctores, quibus fuerint deputati, in veniendo ad scolas associabunt ; et si doctor suus ante pulsationem tertie finiverit lectionem, banquerius ipse ad custodiendum libros scolarium, quorum familiares non venerunt, sub pena viginti solidorum, usque ad finem pulsationis tertie remanere debeat, post pulsationem etiam campane nullos in scolis libros sine dominis, vel eorum famulis, dimittendo. Item pre-

dicti banquerii servire valeant baccallariis et scolaribus, dummodo eorum doctores debitis obsequiis non fraudentur. Poterunt enim banquerii predicti libros tenere venales, dummodo juramentum rectori, et ydoneam, ut infra subicitur, prebeant cautionem. Poterunt etiam prefati banquerii habere et tenere petias, dummodo sint bene correcte ; que petie si notabiliter defectuose reperte fuerint seu corrupte, dicte petie applicentur Universitati ; ita quod per rectorem, seu de mandato suo corrigantur, si corrigi possint, et post vendantur dicte petie, et pretium, satisfacto de correctione, dicte Universitati applicetur. Si vero non possint corrigi commode, de mandato rectoris, sive jurisdictionis alicujus exercitio, comburantur ; vel per rectorem, si ei visum fuerit, interdicatur scolaribus, quod pro scriptura vel correctione talibus petiis non utantur. De petiis autem pro salario tam ipsi banquerii, quam omnes alii qui eas tenebunt, de scriptura cujuslibet petie, si scribatur in Montepessulano, unum denarium, si extra, duos denarios recipiant, et non ultra. Si autem petia pro correctione tradita fuerit, si una vel duabus diebus ad plus petia teneatur, unus tantum obolus, si ultra, unus tantum denarius habeatur ; et hoc omnes volentes tenere hujusmodi petias in manibus rectoris jurabunt inviolabiliter observare. Item banquerii predicti nichil in scolis poterunt denuntiare, nisi tantum libros venales, si quos habeant, nisi bedellus eis, ut premittitur, duxerit committendum. Banquerii autem predicti virgas poterunt et debebunt sine aliqua pictura portare patenter ; qui banquerii a singulis scolaribus auditorii doctoris cui servient duodecim

denarios ad minus habeant pro labore, que pecunia, dum fiet collecta doctorum, per ipsos banquerios exigatur.

XXIX. DE CAUTIONE PRESTANDA A VENDITORIBUS LIBRORUM.

Item, prefata auctoritate statuimus et ordinamus, quod quicumque, sive bedelli, sive banquerii, vel stationarii alii, libros juris canouici vel civilis venales tenere voluerint, rectori, nomine Universitatis, jurare, et dare fidejussores ydoneos teneantur, de libris eis traditis diligenter et suo periculo conservandis; quodque ipsi libros, quos venales receperint a doctoribus, scolaribus, vel aliis quibuscumque, nullo modo, per se, vel per interpositas personas, clandestine, vel alias, ement. vel sibi appropriare curabunt; et nichilominus contrarium facientes suis officiis perpetuo sint privati; nisi forte essent libri forensium, qui per sex dies publice in statione stetissent, et in scolis autem per triduum denuntiati fuissent, quo casu tales libri possint per ipsos stationarios, pro pretio quo[d] habere sine fraude poterunt, de rectoris conscientia, retineri. Recipiant autem hujusmodi venditores librorum ab emptoribus tres denarios pro libra, et a venditoribus totidem, si scolares fuerint; ab aliis vero sex denarios, et non ultra.

XXX. QUOD NULLUS ALIUM SUPPLANTET IN CONDUCTIONE DOMORUM.

Item, eadem auctoritate, statuimus et ordinamus, et sub pena excommunicationis, quam ipso facto in contrarium venientes incurrant, quod uullus doctor, baccallarius, seu scolaris, per se vel per alium, emat vel locet hospitium seu scolas, quas inhabitant vel tenent doctor, baccallarius, vel scolaris, nisi de voluntate inhabitantis vel tenentis expressa. Domorum autem vel scolarum conductores, illarum scilicet quas ipsarum domini in medio mensis augusti locare consueverunt, in principio ejusdem mensis; illarum vero quas in festo Sancti Michaelis consueverunt locare, in festo Nativitatis Beate Marie teneantur exprimere, si per ipsarum dominos fuerint requisiti, an ipsas domos vel scolas voluerint pro futuro tempore retinere, ut, si retinere voluerint, alteri pro illo anno locari non possint: quod si factum fuerit, nullus doctor, baccallarius, seu scolaris, sub pena excommunicationis predicta, conducere ipsam domum, vel scolas, scienter audeat, infra triennium proxime sequturum. Si autem scolares domos vel scolas noluerint retinere, ipsarum domorum et scolarum domini possint de ipsis libere ordinare. Ubi autem ex pluribus scolaribus, domum eamdem inhabitantibus, unus vel plures vellent in conductione, aliis non curantibus, remanere, domus seu scole volenti, seu volentibus in locationibus scolarum vel hospitiorum remanere, libere dimittantur. Et si ex duobus vel pluribus scolaribus simul inhabitantibus, quilibet per se, sine altero vel aliis, vellet hospitium retinere, dominus hospitii possit gratificari cui voluerit ex predictis, vel, ipsis discordantibus, aliis locare, si velit. Non possit autem aliquis migrans ab hospitio jus inquilinatus alteri quovismodo cedere, vel locare.

XXXI. DE TAXATIONE HOSPITIORUM ET SCOLARUM.

Ut autem hospitia vel scole, sine dampno dominorum et scolarium, sub moderata pensione locentur, ordinamus, quod in Montepessulano deputentur tres hospitiorum taxatores, quorum unus per rectorem et consiliarios, alius, qui nec de Montepessulano, nec de corpore Universitatis studii existat, per episcopum Magalone, tertius per consules Montispessulani electi debeant deputari : quorum juramento astrictorum fideliter commissam sibi sollicitudinem exercere, vel duorum ex hiis, altero contradicente, vel etiam recusante adesse, taxatio, prout infra sequitur, stare debeat, omni exceptione cessante; ita videlicet, quod, ubi erunt taxanda hospitia laicorum, tunc ad deputatos solum per rectorem et consules recurratur; qui si concordare non poterint, tunc tertius deputatus per episcopum conveni[a]tur, et illa teneatur taxatio, in qua tunc duo ex taxatoribus concordabunt : si vero fuerint hospitia clericorum, tunc ad deputatos solum per rectorem [et] episcopum recurratur; qui si non poterint super taxatione hujusmodi concordare, tunc tertius deputatus per consules advocetur, et illa teneatur taxatio, in qua duo ex predictis taxatoribus concordabunt. Et ubi dominus hospitii vel scolaris stare taxationi noluerit predictorum, nullus doctor, baccallarius, vel scolaris sciens, conducere, infra triennium proxime sequturum, domos vel scolas audeat, sub pena excommunicationis predicta. Postquam autem hospitium vel scole semel fuerint taxate, ut prefertur, infra sex annos non taxentur ulterius, sed pro taxata pensione, toto illo tempore, etiamsi aliter inter partes conventum fuerit, conducantur, nisi interim meliorationem vel deteriorationem notabilem occurrere contigisset; quo casu nova taxatio fieri poterit et

debebit. Ubi autem ante taxationem studentes vellent cum dominis scolarum vel domorum super pensione amicabiliter concordare, facta hujusmodi concordia, pro illo anno nulla fiat taxatio; sed concordie facte stetur. Sane, si ante festum Beati Andree scole vel domus locate non fuerint, et ex tunc supervenientes scolares, hujusmodi domos vel scolas post dictum festum noluerint, siquidem taxate non fuerint, tunc, si dominus et studentes de pensione illius anni conveniant, conventioni stetur eorum. Si autem non concordaverint, taxentur pro dictis sex annis, juxta arbitrium taxatorum; sed de pensione illius anni diminuatur, prout ipsis taxatoribus pro rata, vel alias, videbitur expedire. Ubi autem scole vel domus, que ante festum Sancti Andree predictum non fuissent locate, intra sex annos taxate fuissent a predicto festo ultra, sit in arbitrio studentium, utrum illas conducere voluerint pro pensione taxata, pretio tamen pro rata temporis diminuto ; vel pro solo illo tempore usque ad annum sequentem fiat taxatio, alia taxatione primo facta pro aliis annis in suo robore permanente : ante autem predictum festum, quocumque tempore scole vel hospitia conducantur, pro rata temporis a juramento nulla fiat. Ut autem taxationis labor sine mercede aliqua non existat, taxator quilibet, qui laborabit, pro labore et sigillo in scripturis taxationis ponendo, a locatore duodecim denarios, et a conductore alios duodecim recipiet, et non ultra. Notariis autem, tam pro scriptura sigillanda, quam pro ea registranda, a qualibet parte sex denarios recipiet, et non ultra. Ubi autem studentes scolas vel hospitium noluerint retinere, nullo modo, directe vel indirecte, faciant, si sententiam excommunicationis voluerint evitare, quod domini hospitiorum vel scolarum impediantur a locatione illorum, vel aliqualiter retardentur.

XXXII. QUOD SCOLARES TENEANTUR JURARE RECTORI.

Item, eadem auctoritate, statuimus et ordinamus, quod baccallarii et scolares juris canonici et civilis, presentes, et alii, cum ad studium Montispessulani noviter venerint, jurare debeant rectori, sub forma inferius annotata, citra actum tamen alicujus jurisdictionis habende in ipsis vel exercende. Facientes autem contra ipsum sacramentum, ultra reatum perjurii, et penas debitas, juxta qualitatem delicti, ab episcopo infligendas, ab studio Montispessulani, et studii honoribus et privilegiis, perpetuo sint privati, nisi per episcopum, cum consensu rectoris dicti studii, fuerint, ex causa legitima, restituti. Qui autem jurare recusaverint, ab omnibus privilegiis et honoribus studii sint exclusi.

XXXIII. QUOD NULLUS ALTERI SUBTRAHAT SCOLARES.

Item, eadem auctoritate, statuimus et ordinamus, sub pena excommunicationis, quam in contrarium facientes incurrere volumus ipso facto, quod nec rector, nec consiliarius, nullusque doctor, baccallarius, seu scolaris Universitatis predicte, in favorem alicujus, vel odium alterius, subtrahere, rogando, minando, vel pecunias dando, vel mutuando, vel litteras ab aliquibus procurando, audeat scolares doctoribus, seu baccallariis, legentibus in jure canonico seu civili, nec ali-

quos scolares, contra eorum liberam voluntatem, compellere, precise vel causative, nec inducere vel rogare ad aliquem doctorem vel baccallarium audiendum.

XXXIV. QUOD NULLUS ABUTATUR PRIVILEGIO INTRODUCENDI VINUM IN VILLA MONTISPESSULANI.

Item, eadem auctoritate, ordinamus, et sub pena excommunicationis precipimus et mandamus, quod doctores, licentiati, baccallarii et scolares privilegio, seu jure quod habent de introducendo vinum infra locum Montispessulani nullatenus abutantur, nec ultra quam credant de provisione sua, pro tempore quo in studio fuerint, sufficere, vinum de extra territorium Montispessulani faciant deportari.

XXXV. QUOD PENE PECUNIARIE, QUAS STUDENTES INCURRANT, UNIVERSITATI DEBEANT APPLICARI.

Item, ordinamus, quod omnes pene pecuniarie, quas doctores, licentiati, baccallarii, scolares, ac ceteri de Universitate incurrent, contra nostra statuta predicta, vel aliqua ex eis, temere veniendo, Universitati predicti studii irremissibiliter, nisi paupertatis causa, et non quibusvis aliis, applicentur; sed in utilitatem negotiorum studii fideliter convertantur.

XXXVI. DE MULTIPLICI FORMA JURAMENTORUM.

Denique, ut infrascripti, proprie salutis non immemores, fidelius et diligentius exercere commissas eis sollicitudines inducantur, et eis omnis infideliter et negligenter agendi occasio auferatur volumus eos per juramentum sub infrascripta forma astringi.

In primis jurabit rector primo episcopo, in sui confirmatione, ut sequitur :

Ego juro,quod, toto tempore rectorie mee, procurabo, pro posse, utilitatem et augmentum studii Montispessu-lani. Fidelis ero vobis, domino episcopo et Ecclesie Magalone, et non procurabo vestri aut jurisdictionis vestre in aliquo lesionem. Non trans-feram studium Montispessulani, sine consilio et assensu vestro. Non faciam statuta, vel fieri procurabo, prejudi-ciabilia vobis aut Ecclesie Magalone. Studium ultra octo dies, sine consilio et assensu vestro, vel vestri officialis ac vicarii, nec etiam ad ipsos octo dies, sine consensu consiliariorum studii, vel potioris partis eorum, ad hoc specialiter vocatorum, nullatenus interdicam. Diebus autem ipsis octo elapsis, ipso facto lectiones resuman-tur, nisi ad majus tempus, de con-sensu vestro, vel officialis aut vicarii vestri, interdictum hujusmodi [fuerit] prorogatum. Nulli alii juvamentum, per quod aliqua subjectio, vel supe-rioritas aut fidelitas notari valeat, nisi vobis, aut alii pro vobis, aut Uni-versitati, prestabo; nec aliquem alium superiorem advocabo, vel alicui ali-qualiter me submittam , tanquam rector, vel ratione officii rectorie. Sic Deus me adjuvet, et hec sancta Dei Evangelia, corporaliter a me tacta. — Atque statuta super celebratione festi Beatorum Fabiani et Sebastiani edita, atque ipsam celebritatem, pro posse observabo et conservabo, necnon statutum editum de non admittendis aliquibus in baccallarios, nisi per tempus debitum Decretum audive-rint, juxta tamen formam ipsius sta-tuti super hoc editi, quod incipit Plasmator, ac etiam statutum et sta-tuta de non recipiendis pecuniis Uni-versitatis per rectorem regentemve, aut eorum locumtenentes, nisi juxta formam in eisdem contentam et an-notatam, et super premissis editam ; similiterque statutum anno Incar-nationis millesimo quadringentesimo quinquagesimo secundo editum, su-per responsione baccallariis ad gradum licentie examinatis eadem die fienda, vel non fienda, inviolabiliter obser-vabo. (*Addition postérieure.*)

Universitati jurabit, ut sequitur :

Ego rector Universitatis studii Mon-tispessulani in jure canonico et civili, juro, quod procurabo, pro posse, hono-res et utilitates studii, Montispessulani, et evitabo , quantum potero , inutilia ipsi Universitati. Statuta etiam ipsius, pro posse, inviolabiliter observari fa-ciam. Scolares nulli legenti subtra-ham , nec in prejudicium alterius alteri procurabo. Sic Deus me adjuvet, et hec sancta Dei Evangelia, corpora-liter a me tacta.

Ego juro, quod per vos, dominum rectorem, super dando vobis consilio in negotiis Universitatis per juramentum prestitum evocatus, cessante legitimo impedimento , veniam, et juxta ea que Deus michi dederit, vobis et aliis in predictis negotiis dabo fidele con-silium ; statutaque Universitatis ejus-dem, pro posse, faciam inviolabiliter observari. Sic Deus me adjuvet, et hec sancta Dei Evangelia, corporaliter a me tacta. — Atque statuta super celebratione festi Beatorum Fabiani et Sebastiani edita, atque ipsam celebritatem, pro posse, observabo et conservabo, necnon statutum de non admittendis aliquibus in baccallarios editum, nisi per tempus debitum Decretum audiverint, juxta formam ipsius statuti super hoc editi, quod incipit Plasmator ; similiterque statutum anno Incarnationis millesimo quadringentesimo quinquagesimo secundo editum, super responsione baccallariis ad gradum licentie examinatis eadem die fienda, vel non fienda, inviolabiliter observabo. (*Addition postérieure.*)

XXXIX. FORMA JURAMENTI PRESTANDI RECTORI A DOCTORIBUS VOLENTIBUS LEGERE ORDINARIE, VEL EXTRAORDINARIE, ET RECTORIS IN PRINCIPIO STUDII.

Ego juro, quod libros, et partes librorum michi pro lectura assignatos, legam et perficiam infra terminum in statutis designatum, nisi impediar infirmitate, vel necessitate inevitabili, vel nisi super hoc a vobis, domino rectore, ex causa rationabili, licentiam obtinerem. Sic Deus me adjuvet, et hec sancta Dei Evangelia, corporaliter a me tacta.

XL. FORMA JURAMENTI PRESTANDI A DOCTORANDO EPISCOPO.

Ego juro, quod ab hac hora in antea fidelis ero domino episcopo Magalonensi, qui nunc est, ejusque successoribus canonice substituendis, et Ecclesie Magalonensi. Dabo ei et ipsi Ecclesie fidele consilium requisitus, ac contra eos et ipsam Ecclesiam me

non opponam scienter. Non expendi nec expendam, per me, vel alium seu alios, ultra summam trium millium turonensium argenti, omni fraude cessante ; quinymo volentes expendere, pro posse, bona fide prohibebo, circa cibos, vestes et alia, cum in ea [Universitate] insignia recipiam doctoratus. Quando aliquis baccallarius examinatus fuerit in privato, secundum Deum et meam conscientiam fideliter de sufficientia vel insufficientia baccallarii examinati deponam.

XLI. FORMA JURAMENTI PRESTANDI RECTORI A SCOLARIBUS ET BACCALLARIIS, PRETER JURAMENTUM.

Ego juro, quod vobis, domino rectori, ero obediens et fidelis, et vestris successoribus canonice instituendis, ad quemcumque statum vel gradum contingat me promoveri ; quod contra Universitatem ipsiusque jura non me scienter opponam ullo tempore, nec opponentibus prestabo consilium, auxilium seu favorem, et quod vobis, domino rectori, dabo fidele consilium in causis dicte Universitatis requisitus : item, quod, si inter aliquos doctores, baccallarios vel scolares adinvicem, seu inter predictos et quoscumque alios, bricam vel rixam contingerit esse subortam, nunquam alicui doctori, baccallario vel scolari, qualitercumque michi conjuncto, vel cuicumque alii, contra doctorem, baccallarium, vel scolarem, vel quemvis alium, invadendo vel offendendo alium, seu alios, dabo per me, vel alios, associando cum armis, consilium vel juvamen ; quodque in quibuscumque rixis, seu bricis, exortis in studio, vel oriri paratis, pacificandis, remediandis, et insultibus non faciendis, et ea tangentibus, fideliter et obedienter intendam. — Atque statuta super celebratione festi Beatorum Fabiani et Sebastiani edita, atque ipsam celebritatem, et omnia alia statuta nostre alme Universitatis, juxta posse, servabo et conservabo; similiterque statutum anno Incarnationis Domini millesimo quadringentesimo quinquagesimo secundo editum, super responsione baccallariis ad gradum licentie examinatis eadem die fienda, vel non fienda, inviolabiliter observabo, nec circa predicta renuntiando studio, vel alias, fraudem aliquam adhibebo. (*Même intercalation.*)

XLII. FORMA JURAMENTI PRESTANDI A BEDELLO GENERALI RECTORI, PRESENTIBUS CONSILIARIIS, ANTE CONFIRMATIONEM SUAM.

Ego juro vobis, domino rectori, et successoribus vestris canonice subrogandis, quod ego fideliter et diligenter meum officium exercebo; secrete tenebo illa que vos michi, domine rector, et consiliarii super negotiis Universitatis duxeritis revelanda; nulli doctori vel baccallario, directe vel indirecte, scolares subtraham aut procurabo.

XLIII. FORMA JURAMENTI A BANQUERIIS RECTORI, POSTQUAM ASSUMPTI FUERINT PER DOCTORES SUOS, [PRESTANDI].

Ego juro meum officium fideliter et diligenter, quandiu in eo perseveravero, exercere.

Acta et publicata fuerunt statuta suprascripta Avinione, in domo habitationis prefati reverendissimi in Christo patris et domini, domini Bertrandi, Dei gratia tituli Sancti Marchi presbiteri cardinalis, in ipsius presentia, et de ipsius expresso mandato, ac in presentia testium infrascriptorum, videlicet dominorum Hugonis de Mandagoto, prepositi Ebredunensis; Petri Gastonis, canonici Albiensis, et legum doctoris; Johannis Raynaudi, canonici Calnacensis, et Jacobi de Montefloro, baccallarii in jure civili; [et] Togandis, scindici Universitatis juris utriusque Montispessulani, testium ad premissa, sub anno Domini millesimo trecentesimo tricesimo nono, die vicesima julii, indictione septima ; et mei Bertrandi Roque, clerici Ebredunensis diocesis, publici auctoritate imperiali notarii, [qui], de mandato ejusdem domini cardinalis, ea omnia et singula, ut supra continentur, manu propria scripsi, et predictis lecture et publicationi, dum fierent, una cum predictis testibus presens fui, et in hanc publicam formam redegi, et signo meo consueto signavi rogatus.

Et ad majorem omnium et singulorum roboris firmitatem, predictus dominus B[ertrandus] cardinalis predictis statutis sigillum suum duxit apponendum.

Expliciunt Constitutiones studii utriusque juris Montispessulani, facte per dominum Benedictum papam XII.

Liber Rectorum, init.

II.

STATUTS COMPLÉMENTAIRES DU CARDINAL BERTRAND.

3 avril 1340.

Bertrandus, miseratione divina tituli Sancti Marchi presbiter cardinalis, a sanctissimo patre et domino nostro, domino Benedicto papa XII, super reformatione studii Montispessulani, Magalonensis diocesis, specialiter deputatus, honorabilibus viris rectori et Universitati studii Montispessulani, salutem in Domino sempiternam.

Cum pro parte vestra nobis cum instantia fuerit supplicatum, ut supra quodam statuto, per nos pridem super reformatione dicti studii inter cetera edito, quo cavetur quod quicumque scolaris, vel alius in dicto studio doctorandus, in doctoratu suo et solempni principio, seu ejus occasione, bedello generali et banquerio doctoris, sub quo faciet suum solempne principium, dare vestes novas, cum competentibus folraturis, et non aliis bedellis seu banqueriis, nisi voluerit, teneatur, dispensare, et de novo ordinare et statuere auctoritate dignaremur predicta, quod in dicto studio imposterum doctorandi, dicto non obstante statuto, Lamberto de Belloquercu, alias Pulcro-quercu, banquerio seu bedello consilii dicte vestre Universitatis, tanquam bene merito propter grata et devota obsequia vobis per eum exhibita, et imposterum, dante Domino, exhibenda, et successoribus, vestes novas dare tenentur, cum competentibus folra-

turis ; nos, attendentes dignum fore bene agentibus pro meritis respondere, ut eorum merita devotio illucescat, et alii eorum exemplo ad bene agendum fortius animentur, et vestris in hac parte supplicationibus inclinati, ordinamus et statuimus per presentes, quod, dicto non obstante statuto, dicti doctorandi in suo doctoratu, et ejus occasione, dicto Lamberto et suis in dicto banqueriatus officio successoribus, vestes novas, cum competentibus folraturis, dare perpetuis futuris temporibus teneantur. In cujus rei testimonium, presentes litteras fieri fecimus, et nostri sigilli appositione muniri.

Datum Avinione, in hospitio habitationis nostre, die tertia mensis aprilis, sub anno Nativitatis Domini millesimo trecentesimo [quadragesimo], indictione octava, pontificatus dicti domini nostri pape anno sexto.

8 février 1841.

Bertrandus, miseratione divina tituli Sancti Marchi presbiter cardinalis, commissarius super reformatione studii Montispessulani, Magalonensis diocesis, a sanctissimo patre et domino nostro, domino Benedicto, divina providentia papa XII, specialiter deputatus, honorabilibus et discretis viris rectori, doctoribus et baccalariis Universitatis dicti studii in jure canonico et civili, salutem, et mandatis apostolicis firmiter obedire.

Exhibita nobis pro parte vestra petitio continebat, quod, cum in statutis pridem auctoritate apostolica super reformatione et ordinatione bona vestri studii per nos editis, et in dicto studio publicatis, essent aliqua, in ipsa petitione expressa, que suppletione, aliqua que declaratione, et nonnulla que, propter eorum indebitam [in]observantiam, penarum adjectione, pro bono statu et utilitate studii, egere necessario videbantur, justum nobis et equitati consonum videretur, quod super eis provideremus, auctoritate predicta, de remedio opportuno. Nos igitur, tam ex debito commissionis super hoc nobis facte, quam ex sinceritate zeli, quem ad studium vestrum et studentes habemus, vestris supplicationibus inclinati, auctoritate apostolica, ut sequitur declaramus, ordinamus, decernimus et supplemus.

In primis declaramus nostre fuisse intentionis et esse, licet in scriptura obmissum fuerit forsitan per errorem, quod doctores legentes ordinarie Decretales, sic secundum assignanda eis puncta legere teneantur, sicut de legentibus Digestum vetus et Codicem in ipsis statutis extitit ordinatum.

Declaramus etiam nostre fuisse intentionis et esse, quod octavus liber ff novi, scilicet De fidejussoribus, legi debeat per legentes ordinarium dicti libri.

Verum, quia exigit perversorum audacia, ne quid in certis statutis per nos editis, que temerariis ausibus, sicut percepimus, violantur, [omittatur, ut] non simus sola dampnatorum prohibitione contenti, quinymo penam eorum temeratoribus imponamus; et in ipsis statutis inter alia continetur, quod, pro solempni doctorum principio, in die sequenti, a lectio-

nibus non vacceTur, nec, ut verbis nostris utamur, crastina pro hujusmodi solempni principio concedatur; quodque in certis diebus carnisprivio proximis, precedentibus et sequentibus, modeste scolares, presertim in scolis, morentur, non paleas, lapides, et alia prohiciendo, non libros auferendo, nec aliquas insolentias vel inhonesta in ipsis scolis vel extra, vel indecentia faciendo, prout in ipsis statutis plenius continetur, et quidam scolares discoli, adversus propria commoda laborantes, et in contemptum statuta hujusmodi deducentes, per se vel familiares suos, seu alios laicos, interdum claves campanilis accipiunt, vel alias de facto impediunt quominus campana, cujus pulsatione legentes et auditores ad scolas vocantur, in crastino predicto pulsetur; interdum etiam, tam in dicta crastina, quam in predictis diebus carnisprivio proximis, doctoribus et aliis legentibus libros auferunt, et per ablationem librorum, et tubarum sonos, et alias diversas insolentias, doctores et alios legentes impediunt quominus vel legant, vel inchoatas legere terminent lectiones; predictis et aliis exquisitis viis crastinam hujusmodi torquentes, et in dictis diebus carnisprivio proximis, ultra perditionem temporis, plerumque occasionem pluribus indecentibus, et viam multis scandalis et periculis ministrantes; nos, volentes statuta hujusmodi, tanquam utilia et honesta, et summo virtutis amore, saltem pene formidine, inviolabiliter observari, decernimus, ordinamus, et prefatis statutis, auctoritate nobis commissa, adhicimus, quod quicumque doctores, baccalarii, vel scolares, contra predicta statuta, per se vel per alios, directe vel indirecte, publice vel occulte, venientes, seu cessationem vel crastinam hujusmodi concedentes, vel concessa[s] voluntarie observantes, vel, in dicta crastina, seu in dictis diebus proximis carnisprivio, in dictis statutis expressis, per impedimentum pulsationis predicte campane, vel sonum tubarum, vel librorum ablationem, vel quasvis alias insolentias, seu vias exquisitas, doctores, seu alios legentes, impediverint suas legere et perficere lectiones, vel in predictis, seu in aliquo predictorum, dederint auxilium, consilium, vel favorem, vel predicta impedimenta non prohibuerint, cum potuerunt commode prohibere, excommunicationis incurrant sententiam, ipso facto.

Sane, quia satis condecens reputatur, ut scolastici, qui inter laicos debent se viros perfectos ostendere et devotos, illas colant festivitates, quas colentes layci precipue tenerentur, statuto nostro prememorato, expressionem festorum, quibus a lectura cessare volumus continenti, adicimus, et ordinamus, auctoritate predicta, quod in festo Sancti Vincentii martiris, Sancte Eulalie, Consecrationis ecclesie Sancti Firmini, Miraculorum Beate Marie de Tabulis, non legatur, sed festa hujusmodi, sicut alia in statuto contenta, a scolasticis observentur.

Volumus autem et districte precipimus, quod doctores, et alii legentes, in crastinum Circumcisionis Domini suas lectiones, ut in prioribus vestris statutis continetur, resumant; alias doctores in decem librarum monete currentis, baccalarii in quatuor librarum penam, Universitati applicandam, ipso facto incurrant : quam penam si violatores infra decem dies, et tunc immediate sequentes, non solverint, vel qui ad recipiendas pecunias Universitatis fuerint deputati, ac omnes et singuli qui doctores, seu alios lectores illo tempore legere volentes, directe vel indirecte, impedierint, excommunicationis incurrant sententiam, ipso facto.

Sane, quia propter additionem certorum festorum, quibus, ultra festa alia in statutis expressa, cessari volumus a lectura, et propter diversa impedimenta, que previderi non possint, nec aliqualiter evitari, tam doctores in legendo, quam scolares in audiendo totam illam partem Codicis, que pro lectura matutina est ipsis doctoribus assignata, asserunt se gravatos, asserentes quod libri Codicis et certi tituli eis pro lectura ordinaria assignati, per ipsos doctores non possunt, ad utilitatem presertim scolarium, legi, nec infra tempus statutum commode terminari, et idem de lectura Inforciati et ff. novi asseritur, presertim in illa parte que vulgariter Inforciati et ff novi ordinarium appellatur; nos vero, tam faventes delicatis lectorum et auditorum laboribus, et repentibus studiis, quam parcentes, volumus, decernimus et ordinamus, auctoritate predicta, quod, si rector, qui pro tempore fuerit, de consilio et consensu consiliariorum suorum, et doctorum Codicem illo anno ordinarie legentium, vel majoris partis omnium predictorum, consideratis impedimentis predictis, viderit et deliberaverit, quod illo anno quo Codex legitur, pars Codicis doctoribus hujusmodi assignata non valeat infra tempus limitatum commode terminari, possit et debeat dictus rector, ut premittitur, ordinare quod lectura alicujus partis secundi libri Codicis, seu totus liber ipse, si expedierit, alicui ydoneo committatur, qui librum ipsum secundum, vel ipsius partem sibi assignandam, aliqua legat hora, qua minus impedientur extraordinarie lectiones; ita tamen quod hora matutina doctorum , vel in vesperis, cum legitur extraordinarium Codicis , de secundo libro hujusmodi non legatur. Possit etiam dictus rector, qui pro tempore fuerit, cum et de consiliariorum suorum consilio, vel duarum partium eorumdem, secundum temporum exigentiam, ordinare, quod unus liber ff novi, et alius Inforciati, de lectura deputata baccalariis detrahatur, et librorum ipsorum lectura personis ydoneis, et horis competentibus, committatur.

Item, cum, propter bonum et pacificum studii statum et studentium, per nos ordinatum fuerit et statutum, quod omnes baccalarii et scolares debeant jurare, ex certis causis, rectori, prout in statuto super hoc edito plenius continetur, et quidam ad studium venientes , vel in ipso studio existentes, juramentum hujusmodi prestare recusent, statutum hujusmodi temere violando; nos, talium temerariis ausibus obviare volentes, ordinamus, et predicto statuto, auctoritate predicta, adhicimus, quod omnes et singuli baccalarii vel scolares, cujuscumque sint conditionis vel status, nunc in studio existentes, et qui pro tempore ad studium Montispessulani pro audiendo vel legendo jus canonicum vel civile venerint in futurum; presentes siquidem nunc in studio, infra mensem a tempore publicationis presentis ordinationis; qui autem venerint in futurum, infra mensem a suo computandum adventu, prestare juramentum rectori predicto, vel locumtenenti ipsius, omnimodo teneantur. Et si forte, quod absit, aliqui presentis nostre ordinationis fuerint trans-

gressores, tales ex nunc pro studentibus nullatenus habeantur, nec aliquo studentium privilegio valeant se juvare, nec ad aliquam lecturam extraordinariam admittantur. Et si aliquis prius quam juraverit, ut prefertur, presumpserit post dictum mensem quamvis lecturam assumere, etiam nomine alieno, tam ipse legens publice vel occulte, quam audientes eum scienter, excommunicationis incurrant sententiam, ipso facto. Si vero baccalarii, seu scolares predicti, elapso dicto mense superius pretaxato, pro parte dicti rectoris, publice saltem in presentia duorum testium requisiti, prestare recusaverint hujusmodi juramentum ex tunc, et si infra decem dies predictam requisitionem proxime subsequentes in eadem non jurando pertinacia perseverent, excommunicationis incurrant sententiam, ipso facto.

Volumus autem unam fieri matriculam, diligenter conservandam, in qua omnes, secundum diversitates nationum, qui juramentum prestiterint, describantur, ut, cognitis qui juraverint, alii qui jurare non curaverint pro studentibus non habeantur, et privilegiis et libertatibus Universitatis, ut predicitur, non utantur.

Actum et datum Avinioni, in hospitio, habitationis nostre, sub sigillo nostro, die octava mensis februarii, sub anno Nativitatis Domini millesimo trecentesimo quadragesimo primo.

30 mai 1341.

Bertrandus, miseratione divina tituli Sancti Marchi presbiter cardinalis, a sanctissimo patre et domino nostro, domino Benedicto, divina providentia papa duodecimo, reformator juris utriusque studii Montispessulani, Magalonensis diocesis, specialiter deputus, honorabilibus viris rectori, consiliariis, doctoribus et Universitati scolarum utriusque juris studii Montispessulani, Magalonensis diocesis, salutem in Domino sempiternam.

Cum inter cetera statuta dicti studii, dudum per nos edita, quoddam statutum ediderimus, inter alia continens quod baccalarii et scolares juris canonici et civilis ejusdem studii, ad dictum studium causa studii accedentes, jurare debeant rectori ejusdem studii, sub hac forma: Ego juro quod, si inter aliquos doctores, baccalarios vel scolares adinvicem, seu inter predictos et quoscumque alios, brigam vel rixam contingerit esse subortam, nunquam alicui doctori, baccalario, vel scolari, qualitercumque michi conjuncto, vel cuicumque alii, contra doctorem, baccalarium, vel scolarem, vel quemvis alium, invadendo vel offendendo alium seu alios, dabo per me, vel alios, associando cum armis, auxilium vel juvamen: quodquidem statutum, et ejusdem juramenti formam, prout ad nostrum pervenit auditum, nonnulli aliter quam nostre intentionis fuerit intelligere et velle interpretari dicuntur: cum itaque nostra intersit super hoc de opportuno remedio providere, ut a quo processit editio, et declaratio et interpretatio clara procedat, ad omnem super dictis statuto et juramento ambiguitatis materiam amovendam, vestrasque et quorumque aliorum conscientias servandas, auctoritate apostolica qua fungimur in hac parte, tenore presentium declaramus, quod intentionis nostre non extitit nec existit, quod statutum vel juramentum predicta ad aliquem injuriantem vel offendentem aliquem alium quam doctorem, baccalarium, vel scolarem, quomodolibet se extendant; verba illa *vel quemvis alium*, in dicto statuto contenta, que in contrarium movere aliquos videbantur, ad personas alias, privilegiis dictorum scolasticorum gaudentes, referri debere dumtaxat tenore presentium declarantes. Ne autem baccalarii, scolares, vel persone studii ipsius procliviores efficiantur, propter declarationem nostram hujusmodi, ad injurias, offensiones vel molestias quibusvis aliis imposterum inferendas, vobis et vestrum singulis, auctoritate predicta, et sub excommunicationis pena, tenore presentium inhibemus, ne aliquem, cujusvis status, gradus, vel conditionis existat, offendere, vel eis injuriari, ex proposito quomodolibet, presumatis. In quorum testimonium presentes litteras fieri fecimus, et nostri sigilli munimine roborari.

Actum et datum Avinioni, in domo habitationis nostre, die penultima mensis maii, sub anno Nativitatis Domini millesimo trecentesimo quadragesimo primo, pontificatus sanctissimi patris et domini nostri, domini Benedicti, divina providentia pape XII, anno septimo.

22 avril 1342.

Bertrandus, miseratione divina tituli Sancti Marchi presbiter cardinalis, honorabilibus viris rectori, doctoribus, baccalariis et scolaribus studii Montispessulani, salutem, et presentibus dare fidem.

Ad nostrum, non sine aliquali admiratione, fide digna relatione pervenit auditum, quod, licet nos in statutis super ordinatione studii Montispessulani pridem, auctoritate apostolica, per nos factis, inter cetera deliberatione consulta duxerimus ordinandum, quod doctores legentes ordinarie in jure canonico, seu civili, illa que in cathedra legentes proferunt in scriptis dare, nisi certo modo, non debeant neque possint, quidam baccalarii, seu alii legentes extraordinarie, volentes aut credentes plus sapere quam oporteat, prohibita majoribus, et illis qui dare verisimiliter possent verius et utilius, non sine arrogantia dampnabili et dampnosa, presumunt, ex quo multa inconvenientia, que, causa brevitatis, obmittimus, subsequuntur : propter quod nos dignum reputantes, quod hii qui similem vivendi modum suscipiunt, similem sentiant in legibus disciplinam, nec volentes quod prohibita majoribus a minoribus, in quibus est majoris prohibitionis ratio, presumantur, tenore [presentium] decernimus et declaramus, quod prohibitio predicta, facta doctoribus legentibus ordinarie, de non dando, nisi certo modo, in scriptis, in statutis nostris contenta, ad baccalarios et quoscumque alios legentes extraordinarium seu extraordinarie, cum omni ejus effectu et efficacia extendatur, hoc in presumentium penam addentes, quod quicumque baccalarius, vel alius legens extraordinarie, ordinationem seu declarationem presentem, veniendo in contrarium, presumpserit violare, eo ipso ab omni beneficio et privilegio studii, ac honore recipiendo in ipso, per biennium sit suspensus. In cujus rei testimonium, presentes litteras fieri jussimus, et nostri sigilli munimine roborari.

Datum Avinioni, die vicesima secunda mensis aprilis, sub anno a Nativitate Domini millesimo trecentesimo quadragesimo secundo, decima indictione, pontificatus sanctissimi patris et domini nostri, domini Benedicti, divina providentia pape decimi secundi, anno octavo.

Juin 1344.

Anno Domini millesimo trecentesimo quadragesimo quarto, in mense junii, prefatus dominus cardinalis, eundo in Cataloniam, cum fuit in Montepessulano, fecit denunciari unam cedulam, sub contrasigillo signatam, que est in caxia cum statutis, cujus tenor talis est:

Mandat dominus noster Reverendissimus dominus Bertrandus, tituli Sancti Marci presbiter cardinalis, quod nullus licentiatus, baccalarius vel scolaris, in principiis solemnibus doctorum audeat portare aliquas vestes pro paramentis, seu in honorem alicujus doctorandi factas, vel faciendas, quas non essent alias facturi, donec aliud duxerit ordinandum.

Item, quod pro nullo doctore noviter fiendo vaccetur in crastinum ejus principii solemnis, et quod doctores et baccalarii necessario habeant legere et perficere suas lectiones, ac si non fuisset factus doctor die precedenti.

Item, quod nullus, sive clericus, sive laicus, audeat seu presumat qualitercumque impedire, sive precibus ausibusque quibuscumque, aliquos, seu aliquem, doctores, licentiatos, aut baccalarios, quocumque colore quesito, quominus legere et perficere suas valeant lectiones.

Et predicta omnia et singula mandat, sub pena excommunicationis, quam fert in hiis scriptis, absolutionem omnium qui contra premissa, vel aliquod premissorum, fecerint, sibi, vel superiori suo, ex causa, reservans.

1351.

Anno a Nativitate Domini millesimo trecentesimo quinquagesimo primo, prefatus dominus cardinalis, instantia quorumdam virorum Cathalanorum excitatus, cum nonnulli ejusdem nationis, terrarum Rossilionis et Ceritanie, et aliarum partium Cathalonie, in consiliariorum officiis jus sibi vindicare conarentur, unum fore necessario consiliarium singulis annis de illis partibus eligendum, statutum super electione hujusmodi generaliter loquendo editum declarat, quoad prefate nationis consiliarios, et inviolabiliter precipit observari : quod quando imminerit dictorum consiliariorum electio facienda, duo de quacumque civitate seu diocesi Cathalonie eligantur ydonei consiliarii, non obstantibus predictis contradictionibus, seu consuetudinibus quibuscumque, ut hic plenius in quadam littera predicti domini cardinalis, suo pendenti sigillo munita, latius continetur.

Postmodum dominus cardinalis fecit aliam litteram, istius declarativam, cujus tenor est infra.

Item, si rector studii, durante ejus officio, assumatur ad honorem doctoratus in facultatibus juris canonici, vel civilis, ejusdem rectoris officium et rectoria, eo facto, ut premittitur, doctore, expirat ipso facto, ac si ipse rector naturaliter mortuus esset; et consiliarii, qui tunc sunt, eligunt alium in rectorem, perinde etiam ac si dictus rector mortuus esset, secundum formam in statutis Universitatis supra comprehensam. Et de hoc est instrumentum in caxia communi.

20 décembre 1354.

STATUTUM DECLARATIVUM SUPER CONSILIARIIS DE NATIONE CATHALANORUM.

Bertrandus, miseratione divina episcopus Sabinensis, sancte romane Ecclesie cardinalis, reformator et ordinator studii Montispessulani, Magalouensis diocesis, a sede apostolica deputatus, circumspectis viris rectori, vel ejus locumtenenti, salutem in Domino.

Dudum nostro auditui reserato quod, cum singulis annis duo scolares de natione Cathalonie, secundum formam statutorum per nos in dicto studio editorum, deberent in consiliarios eligi et assumi, quidam de certis civitatibus et diocesibus ejusdem nationis, de quibus hujusmodi consiliarios contigerat interdum assumi, jus sibi vendicare nitebantur, quod de ipsis civitatibus seu diocesibus, et non de aliis, quamvis de ipsa natione existerent, ipsi consiliarii forent annis singulis assumendi, ex quo inter studentes nationis prefate oriebantur scandala, et timebantur fortius exoriri imposterum : propter que, nos cupientes hujusmodi scandalis obviare, per nostras patentes litteras declaravimus et mandavimus, quod, quandocumque hujusmodi consiliariorum de dicta natione foret electio facienda, de quacumque civitate vel diocesi Cathalonie, seu loco, vel provincia seu provinciis, dicti consiliarii, dum essent ydonei ad hujusmodi officium exercendum, possent eligi consiliarii, non obstantibus contradictionibus quibuscumque. Cum autem nuper ad audientiam nostram pervenerit, quod nonnulli scolares, et alii de natione Cathalanorum, verba predicte nostre declarationis nimis stricte intelligere satagentes, scolares de regno Majoricarum et comitatus Rossilionis, qui omnes saltem in dicto studio Cathalani communiter appellantur, ab hujusmodi consiliariorum officio, quamvis alias existant ydonei, excludere moliuntur, ac, pretextu interpreta [tionis] intellectus, aliquibus etiam retroactis temporibus, excluserunt de facto ; quam ob rem turbationes et scandala contingere perhibentur : nos in hac parte debite providere volentes, tenore presentium declaramus nostre intentionis fuisse et esse, ac etiam ordinamus, quod scolares de regno Aragonie, Valentie et Majoricarum, ac de Cathalonia et comitatibus Rossilionis et Ceritanie, necnon de aliis terris quibuscumque ditioni illustris regis Aragonum subjectis, ad dictum cousiliariatus officium et ad ejusdem studii rectoriatus, et ad alios honores et prerogativas studii memorati, si sunt ydonei, eligi va-

leant et assumi ; mandantes vobis et vestrum, singulis, sub pena excommunicationis, quatinus has nostras declarationem et ordinationem inviolabiliter observetis, et ab aliis, quantum in vobis est, faciatis integre observare ; alioquin penam ipsam contra facientes poterunt merito formidare. Presentes autem nostras litteras, nostri sigilli appensione munitas, in dicto studio publicetis, ac in libro dictorum nostrorum statutorum faciatis fideliter registrare.

Datum Avinioni, die vicesima mensis decembris, anno Nativitatis Domini millesimo trecentesimo quinquagesimo quarto, indictione octava, pontificatus sanctissimi patris et domini nostri, domini Innocentii, divina providentia pape sexti, anno secundo.

Liber Rectorum, à la suite des Statuts de 1339.

III.

PROCÈS-VERBAL D'UNE RÉCEPTION DE LICENCIÉ ET DE DOCTEUR EN DROIT CIVIL A MONTPELLIER.

29 mai — 14 août 1341.

In nomine sancte et individue Trinitatis, Patris et Filii et Spiritus sancti. Amen. Anno ejusdem salutifere incarnacionis millesimo trecentesimo quadragesimo primo, et die vicesima nona mensis maii, serenissimo principe domino Philippo Dei gracia Francorum rege regnante, et reverendo in Christo patre et domino domino Arnaldo, miseracione divina Magalonensi episcopo, presidente. Noverint universi et singuli, hujus instrumenti publici seriem inspecturi, ac etiam audituri, quod, presentibus testibus et me notario infrascripto, venerabilis et circumspectus vir dominus Matheus de Trabe, legum doctor, officialis Magalonensis, presentavit venerabili et religioso viro domino Gaufrido de Venasca, decretorum doctori, priori, ut dicebatur ibidem, venerabilis collegii dominorum doctorum juris utriusque studii Montispessulani, discretum virum magistrum

Gaufridum de Sancto Paulo, Carpentoracensis diocesis, baccallarium in legibus, cupientem totis mentis sue affectibus in dicta facultate legum ad doctoratus honorem promoveri ; quam presentacionem idem dominus Gaufridus de Venasca, prior predictus, ut dicebatur, graciose admisit, precipiens et injungens magistro Stephano Brunelli, dictorum dominorum doctorum bedello, ibidem presenti, quatinus auctoritate sua, citet et convocet omnes et singulos dominos doctores juris civilis in Montepessulano presentes, ad interessendum, die crastina, hora vesperorum, in capella Sancte Trinitatis ecclesie Sancti Firmini de Montepessulano, in examinacione de dicto baccallario super moribus et natalibus, de auctoritate tamen et licencia dicti domini magistri episcopi, seu suorum vicariorum, facienda : quam diem crastinam, et horam vesperorum eidem baccallario presenti ad premissa peragenda assignavit. De quibus omnibus et singulis dictus baccallarius peciit sibi fieri, per me, subscriptum notarium, publicum instrumentum.

Acta fuerunt hec in Montepessulano, in domo habitacionis dicti domini Gaufridi, prioris, ut dicebatur, antedicti, presentibus testibus venerabilibus et religiosis viris, dominis Bertrando de Villanova, priore Sancti Firmini de Montepessulano ; Guiraudo de Sancta Valeria, priore prioratus Beate Marie de Gornerio, canonicis Magalonensibus ; Petro Arquerii, monacho monasterii Montismajoris, ac priore prioratus Beate Marie de Mari; Petro de Ayrol, presbitero de Ruppe Ayneria, diocesis Magalonensis ; magistro Jacobo Fabri, notario curie episcopalis Montispessulani ; et me Johanne de Sala, publico dicti

domini Magalonensis episcopi et sue curie Montispessulani notario, qui requisitus hec omnia in notam scripsi et recepi.

Postque, quasi incontinenti, prefatus venerabilis vir dominus Matheus de Trabe, et baccallarius antedictus, accedentes una mecum notario supra et infrascripto ad presenciam venerabilis ac religiosi viri domini Johannis de Cardona, canonici et sacriste in ecclesia Magalonensi, dictique domini Magalonensis episcopi, in remotis agentis, in spiritualibus et temporalibus vicarii generalis, cui venerabilis et religiosus vir dominus Paulus de Duabus Virginibus, monachus et conresarius monasterii Aniane, dictique domini Magalonensis episcopi in spiritualibus et temporalibus vicarius eciam generalis, ad infrascripta omnia et singula facienda, aliis arduis negociis dicti domini Magalonensis episcopi quamplurimum occupatus, comisit totaliter vices suas, prout de dicta comissione constat per quasdam patentes litteras ipsius domini Pauli de Duabus Virginibus, in papiro scriptas, ejusque sigillo cereo cera rubra in dorso earumdem, ut prima facie apparebat, sigillatas, quarum tenor inferius est insertus ; et de vicariatu eorumdem per quasdam alias patentes litteras ipsius domini Magalonensis episcopi, in papiro scriptas, ejusque sigillo cereo cera rubra in dorso earumdem, ut prima facie apparebat, sigillatas, tenor quarum inferius est insertus ; idem dominus Matheus de Trabe dictum baccallarium eidem domino Johanni de Cardona, vicario predicto, presentavit, quem per eumdem dominum vicarium examinari peciit, an legerit omnes et singulos actus suos per tempus debitum, et reperto ipsum sufficienter legisse, dari licenciam dicto domino priori dictorum. dominorum doctorum, vel ejus locumtenenti, ipsum baccallarium dominis doctoribus presentandi, et in moribus et natalibus examinandi, et cum examinatus fuerit, legitime approbandi. Et dictus dominus vicarius, exacto juramento a dicto baccallario, juxta tenorem statuti papalis super hoc noviter editi, quod quinque annis legerit, ut baccallarius jus civile, dictam tum presentacionem graciose admittendo, eidem domino priori, vel ejus locumtenenti, licet absenti, licenciam concessit ipsum baccallarium dictis dominis doctoribus presentandi, et in moribus et natalibus examinandi, et, cum examinatus fuerit, si ydoneus reperiatur, legitime approbandi. De quibus omnibus supradictus baccallarius peciit sibi fieri publicum instrumentum per me notarium supra et infrascriptum.

Acta fuerunt hec in Montepessulano, a proximo paragrapho citra, in domo habitacionis dicti domini vicarii, in presencia et testimonio venerabilis et religiosi viri domini Bertrandi de Villanova, prioris Sancti Firmini antedicti; magistrorum Petri Galhardi, Jacobi Fabri, notariorum curie dicti domini Magalonensis episcopi antedicte; et mea Johannis de Sala, notarii predicti, qui requisitus hec omnia in notam scripsi et recepi.

Postque, anno quo supra, et die crastina, et hora vesperorum, superius per dictum dominum Gaufridum de Venasca, priorem, ut dicebatur, venerabilis collegii dictorum dominorum doctorum antedicti, assignata, que dies intitulatur tricesima dicti mensis maii, dictis domino Philippo rege Francorum regnante, et domino Arnaldo Magalonensi episcopo presidente, noverint universi, quod presentibus testibus et me notario infrascripto, prefatus venerabilis et circumspectus vir dominus Matheus de Trabe, legum doctor, presentavit venerabili et discreto viro domino Hugoni de Podio Morent, legum doctori, locumtenenti, ut dicebatur, dicti domini Gaufridi de Venasca, prioris, ut dicebatur, venerabilis collegii dictorum dominorum doctorum juris utriusque studii Montispessulani antedicti, prefatum magistrum Gaufridum de Sancto Paulo, baccallarium antedictum, cupientem totis mentis sue affectibus ad doctoratus honorem promoveri, ut ipsum examinare habeat in natalibus et moribus, prout in talibus est fieri consuetum. Et dictus dominus Hugo de Podio Morent, locumtenens prefatus, ut dicebatur, presentacionem hujusmodi admisit, venerabilibus viris dominis Francisco Rome, Guillelmo Augerii, et Guillelmo de Anissiaco, legum doctoribus, ibidem presentibus, et ad hoc citatis, ut dicebatur, ibidem, et collegio dominorum doctorum juris civilis facientibus, aliisque dominis doctoribus facultatis juris civilis absentibus legitime spectatis. Et receptis per ipsum dominum locumtenentem dicti domini Gaufridi de Venasca, prioris, ut dicebatur, venerabilis collegii dictorum dominorum doctorum antedicti, una cum dominis doctoribus superius nominatis, quibusdam testibus, cum juramento de veritate dicenda, ipsisque diligenter examinatis super natalibus et moribus baccallarii supradicti, de ipsorum dominorum doctorum consensu, dixit idem dominus locumtenens, quod, cum constaret eis prefatum baccallarium a legitimo matrimonio originem traxisse, quantum humana fragilitas nosse scivit, et ipsum esse vite laudabilis et conversationis honeste, quantum ad dictum examen morum et natalium, auctoritate dicti domini vicarii in hac parte sibi concessa, et eciam auctoritate qua fungitur in hac parte, approbavit eumdem, et nichilominus obtulit se paratum ipsum baccallarium prefato domino vicario dicti domini magistri episcopi, seu deputatis ab eisdem, presentare, pro assignando sibi die ad recipiendum puncta sui examinis, et ad subeundum se privato examini locis solitis, prout in talibus est fieri consuetum, cum voluerit quandocunque. De quibus omnibus supradictus baccallarius peciit sibi fieri publicum instrumentum, per me dictum notarium, supra et infrascriptum.

Acta fuerunt hec, a proximo paragrafo citra, in capella Sancte Trinitatis ecclesie Sancti Firmini de Montepessulano, presentibus testibus discretis viris Raymundo de Salavassio, priore prioratus de Pinu, diocesis Uticensis; Matheo Blegerii, in legibus licenciato, de Lunello novo, diocesis Magalonensis; magistro Raymundo de Ferreriis, jurisperito, dicte Uticensis diocesis; et me Johanne de Sala, notario predicto, qui requisitus hec omnia in notam recepi.

Post hec, quasi incontinenti, prefatus venerabilis vir dominus Huguo de Podio Morent, locumtenens predictus, ut ibi dicebatur, et dominus Matheus de Trabe, ac baccallarius supradicti, accedentes ad presenciam

venerabilis et religiosi viri domini Johannis de Cardona, canonici et sacriste in ecclesia Magalonensi, vicarii antedicti, dictus dominus locumtenens prefatum baccallarium, tanquam in moribus et natalibus legitime examinatum, ac eciam approbatum, eidem domino vicario, pro assignando sibi diem ad recipiendum puncta sui examinis, et ad subeundum se privato examini, prout in talibus est fieri consuetum, presentavit: et dictus dominus vicarius, presentacionem hujusmodi admittens, precepit et injunxit magistro Stephano Brunelli, dictorum dominorum doctorum bedello, ibidem presenti, quatinus citet et convocet, auctoritate sua, omnes et singulos dominos doctores juris civilis in Montepessulano presentes, ad interessendum in receptione punctorum eidem baccallario assignandorum in dicta capella Sancte Trinitatis ecclesie Sancti Firmini de Montepessulano antedicte, et in examinacione ejusdem in capella Aule episcopalis Montispessulani, die sabati proxima facienda; quam diem eidem baccallario presenti, ad eadem puncta recipienda, in dicta capella Sancte Trinitatis ecclesie Sancti Firmini de Montepessulano antedicti, et perinde ad subeundum se privato examini in facultate juris civilis predicta in capella Aule episcopalis Montispessulani antedicta, prout moris est, assignavit. De quibus omnibus et singulis predictis memoratus baccallarius peciit sibi fieri per me, supra et infrascriptum notarium, publicum instrumentum.

Acta fuerunt hec, a proximo paragraffo citra, infra domum episcopalem Montispessulani, in presencia et testimonio venerabilis et discreti viri domini Guillelmi de Anissiaco, legum doctoris , magistrorum Petri Boucos de Nemauso jurisperiti, Jacobi Fabri de Montepessulano, et mei Johannis de Sala, notarii predicti, qui requisitus hec omnia in notam recepi.

Post hec, anno quo supra, et die secunda mensis junii, prefatis domino Philippo Francorum rege regnante, et domino Arnaldo miseracione divina Magalonensi episcopo presidente, existens in presencia dicti domini Johannis de Cardona, vicarii supradicti, dictus dominus Matheus de Trabe requisivit eumdem dominum vicarium cum instancia, quatinus super examinacionem, quam dictus magister Gaufridus de Sancto Paulo, die presenti, paulo ante subierat in jure civili, eidem dignaretur respondere. Et dictus dominus Johannes de Cardona, vicarius predictus, cum necessario, ut dixit, die crastina haberet se a villa Montispessulani absentare, ideo volebat se de dicta responsione expedire, et propositis per eum plurimis verbis laudabilibus in comendacionem baccallarii supradicti, dixit quod, cum sibi constaret dictum baccallarium fuisse in moribus et natalibus legitime examinatum, ac eciam approbatum, et dicta die presenti eidem baccallario fuissent puncta in jure civili, ut moris est, in ipsius domini vicarii presencia, assiguata, presentibus dominis doctoribus dicte facultatis qui interesse voluerunt, absentibus legitime spectatis, in dicta capella Sancte Trinitatis ecclesie Sancti Firmini de Montepessulano, deindeque in capella Aule episcopalis Montispessulani, hora vesperorum ejusdem presentis diei, per venerabiles viros dominos Petrum Soquerii, Guil-

lelmum Augerii, Johannem de Petrussa, Franciscum Rome, Petrum Ricardi, Guiraudum Pargues, Raimundum Basterii, Stephanum de Mayronis, Hugonem de Fenolheto, Bernardum Olibe, Bernardum de Pratis, et Hugonem de Podio Morent, legum doctores, nil obmisso de contingentibus, examinatus fuisset in sui presencia, aliis dominis doctoribus dicti collegii absentibus legitime spectatis ; tandem, presenti die et hora, de consilio et assensu dictorum dominorum doctorum, qui, sicut asserebat dictus dominus vicarius, dictum baccallarium sufficientem et idoneum ad assumendum in dicta facultate juris civilis doctoratus honorem, suis exigentibus meritis, reputabant, et dignum ac racioni conveniens esse dignoscatur, ut hii, quos, propter diuturnam vigiliarum et studiorum instanciam, sciencie nobilitas predotavit, honoris et dignitatis prerogativa licenter ac privilegio gaudeant speciali, ut per continuas laboris amaritudines, quas habuerunt in studio, fructum desideratum inveniant in docendo, ut ipsorum premii remuneracionis exemplo alii ad continue perseveracionis studium inducantur ; idcirco, prius ab ipso domino vicario petito, et a prefato baccallario prestito corporali ad sancta Dei euvangelia juramento, quod in antea fidelis erit dicto domino nostro Magalonensi episcopo et suis successoribus, et sue Ecclesie Magalonensi, et quod dabit dicto domino nostro Magalonensi episcopo, suisque successoribus, et prefate sue Ecclesie Magalonensi fidele consilium requisitus, et quod contra dictum dominum nostrum Magalonensem episcopum, suosque successores, et suam prefatam Ecclesiam se scienter non opponet, et quod ultra trium millium turonensium argenti summam non expendet, quinymo volentes pro se expendere, quod ipse bona fide prohibebit, circa cibos, vestes et alia, cum sua recipiet insignia doctoratus, et quod, quando aliquis baccallarius examinatus fuerit in privato, secundum Deum et suam bonam conscienciam fideliter de sufficiencia vel insufficiencia dicti examinati deponet, cessante penitus omni fraude, dictus dominus vicarius memoratum baccallarium, quantum ad prefatam secretam examinacionem, predicta auctoritate approbavit, et eidem concessit auctoritatem et licenciam faciendi publicacionem suam in facultate juris civilis predicta, prout moris est in dicto Montispessulani studio, cum voluerit quandocunque.

Tenor vero litterarum dicte comissionis et vicariatus predicti, de quibus superius facte sunt menciones, de verbo ad verbum per ordinem subsequuntur : Honorabili etc. Arnaldus etc.

De quibus omnibus et singulis predictis prenominatus, ut premittitur, approbatus peciit sibi fieri per me, supra et infrascriptum notarium, publicum instrumentum.

Acta fuerunt hec, a proximo paragrapho citra, in dicta capella Aule episcopalis Montispessulani, presentibus testibus venerabilibus et religiosis viris, dominis Rotberto de Usecia ; Matheo Blegerii, in legibus approbato, de Lunello novo, diocesis Magalonensis ; Petro et Guillelmo de Vicenobrio, fratribus, canonicis Magalone ; Guillelmo Holame de Montepessulano; Bernardo Gervasii, de Grabellis, jurisperitis ; Amalrico Rocelli,

notario de Montepessulano predicto, dicte Magalonensis diocesis, et me Johanne de Sala, notario predicto, qui requisitus hec omnia in notam recepi.

Post hec, anno quo supra, et die quartadecima mensis augusti, principibus regnantibus quibus supra, noverint universi quod, congregatis in ecclesia Beate Marie de Tabulis de Montepessulano, dicte Magalonensis diocesis, venerabilibus viris dominis Petro Soquerii, Thoma de Santayranicis, Francisco Rome, Petro Calvelli, Bernardo Olibe, Bernardo de Pradis, Raimundo Basterii, Hugone de Podio Morent, Guillelmo de Anissiaco, et Bernardo de Tornamira, legum doctoribus, necnon venerabili Universitate scolarium juris utriusque generalis studii Montispessulani, seu majoris partis ejusdem, et omnibus qui interesse voluerunt, coram venerabili et circumspecto viro domino Bernardo de Ruppe fixa, legum professore, vicario ad infrascripta facienda per dictum dominum Magalonensem episcopum specialiter deputato, prout de dicto vicariatu constat per quasdam patentes litteras ipsius domini Magalonensis episcopi, in papiro scriptas, ejusque sigillo cereo cera rubea in dorso earumdem, ut prima facie apparebat, sigillatas, quarum tenor inferius est insertus, aliis dominis doctoribus venerabilis collegii dominorum doctorum de Montepessulano facultatis juris civilis absentibus legitime spectatis, ut est moris, prefatus providus vir magister Gaufridus de Sancto Paulo, juris civilis baccallarius, in privato predicte facultatis juris civilis examine approbatus, legit ibidem publice sollempniter cum oppositis jus civile, prout est in talibus fieri consuetum. Quo facto, prefatus dominus Bernardus de Ruppe fixa, vicarius, ut premittitur, antedictus, petito per eum ab eodem baccallario, in privato predicte facultatis juris civilis examine approbato, juramento, secundum quod in infrascriptis supradicti domini vicarii litteris continetur, et per memoratum baccallarium juramento prestito, manu elevata versus altare, prehabitaque per eumdem dominum vicarium secreta deposicione prenominatorum dominorum doctorum, ac eciam premissis per eumdem dominum vicarium verbis plurimis laudabilibus, circa comendacionem baccallarii et approbati predicti, cum idem baccallarius et approbatus predictus prefatos universos actus ac singulos, publicacionem hujusmodi precedentes, legitime perfecisset, tandem, de consensu, consilio et assensu dictorum dominorum doctorum, qui dictum baccallarium, ut premittitur, approbatum, sufficientem ad doctoratus juris civilis honorem, suis exigentibus meritis, reputabant, ut asseruit dominus vicarius supradictus, ad hoc, ut premittitur, specialiter deputatus, ipse dominus vicarius, auctoritate sibi in hac parte comissa, memoratum magistrum Gaufridum de Sancto Paulo, presentem, pronunciavit, fecit et creavit in facultate juris civilis predicta doctorem, dans et concedens eidem domino Gaufrido, legum doctori, auctoritate predicta, plenam ac liberam potestatem in facultate juris civilis predicta regendi, legendi, repetendi, docendi, disputandi, et quoslibet alios actus doctorales hic et ubique terrarum libere exercendi, in ipsa facultate doctoralia insignia assignando; et alia

fecit et dixit prefatus dominus vicarius, que in premissis fuerunt necessaria, seu eciam opportuna; quibus peractis, honorabilis et circumspectus vir dominus Matheus de Trabe, legum excellentissimus professor, sub quo idem dominus Gaufridus recipiebat doctoratus honorem, eidem domino Gaufrido postulanti, prout est fieri consuetum, laudabiliter tradidit insignia doctoratus.

Tenor vero litterarum vicariatus dicti domini Bernardi de Ruppe fixa, de quibus superius facta est mencio, sequitur sub tenore sequenti :

Arnaldus, miseratione divina episcopus Magalonensis, venerabili viro domino Bernardo de Ruppe fixa, etc.

De quibus omnibus et singulis dictus dominus Gaufridus de Sancto Paulo, doctor predictus, peciit sibi per me, supra et infrascriptum notarium, fieri publicum instrumentum.

Acta fuerunt hec, a proximo paragrapho citra, in dicta ecclesia Beate Marie de Tabulis de Montepessulano, in presencia et testimonio venerabilium et religiosorum virorum, dominorum Jacobi Ymberti, canonici Magalonensis; Pauli de Deucio, monachi monasterii Sancti Guillelmi; Dominici Sanxii, preceptoris domus Sancte Eulalie Montispessulani ; Hugonis Garelli, Alexandri de Crossossio, decretorum doctorum ; Joannis de Affriano, Joannis Bonifilii, Laurencii Sanii, jurisperitorum de Montepessulano ; et mea Johannis de Sala, notarii predicti, qui requisitus hec omnia in notam scripsi et recepi.

Arch. départem. de l'Hérault. *Minutes du notaire Jean de Sala* (Jean de la Salle?).

IV

RÉGLEMENT POUR LA FACULTÉ DE DROIT DE MONTPELLIER.

16 juillet 1681.

I. Le corps de la Faculté de droit en l'Université de Montpellier sera composé du chancelier, du vice-chancelier, du recteur, du prieur des docteurs, de quatre professeurs en droit civil et canon, d'un professeur en droit françois, de huit docteurs agregez, et du syndic : tous lesquels seront appellés à toutes les assemblées de ladite Faculté, et y auront voix deliberative, à l'exception du syndic, qui ne pourra que requerir, et sans que l'establissement desdits docteurs agregez puisse rien diminuer des droits utiles et prerogatives desdits professeurs.

II. Le recteur de ladite Faculté sera nommé tous les ans, le jour de la Purification de la Vierge, à la pluralité des voix, par ceux qui composent le corps de la Faculté, et sera pris du nombre des professeurs et de celuy des agregez et autres docteurs.

III. Le prieur des docteurs sera aussi nommé tous les ans, le premier jour du mois de may, par ceux qui composent ladite Faculté, et sera pareillement pris du nombre des professeurs et de celuy des agregez et autres docteurs.

IV. Aussitost que l'une des chaires de droit civil et canonique de ladite Faculté sera vaccante, elle sera mise à la dispute, en la maniere accoûtumée, à la charge toutefois qu'aucun des pretendans ne pourra estre admis qu'il ne soit docteur en l'une des Facultez de droit du royaume, ou qu'il n'ait au moins l'âge de trente ans accomplis.

V. Declare neanmoins Sa Majesté qu'elle n'entend empêcher la voye de la postulation, pour remplir lesdites chaires vaccantes, pourveu qu'elle se fasse par bulletins ou autres marques secretes, du consentement unanime de tous ceux qui ont droit de suffrage, sans qu'il y en soit aucun d'un avis contraire.

VI. Ordonne qu'à l'avenir les officiers de judicature actuellement pourveus de charges ne pourront estre élevez pour remplir les chaires de ladite Faculté, ni les professeurs d'icelle estre pourveus de charges de judicature, si ce n'est des charges d'advocats du Roy dans les sieges où sont lesdites Facultez, ou que lesdits officiers ayent vendu leurs charges, ou soient seulement honoraires dans lesdits sieges.

VII. Les lectures et theses des aspirants aux chaires de professeurs de droit civil et canon se feront à autres heures que celles des leçons ordinaires desdits professeurs, lesquels et autres qui composent ladite Faculté seront tenus d'assister aux lectures et theses desdits aspirants.

viii. Seront pareillement tenus lesdits docteurs agregez de se trouver
et assister à toutes les assemblées et
déliberations de ladite Faculté avec
les professeurs; et neanmoins les voix
desdits agregez ne pourront prevaloir
par le nombre à celles desdits professeurs; et en cas d'égalité et de
partage, celui qui presidera à la deli-
beration aura la voix conclusive, ce
qui n'aura lieu toutefois quand on
donne les suffrages par bulletins.

ix. Lesdits docteurs agregez auront, dans lesdites assemblées de ladite Faculté de droit civil et canon,
rang et seance entre eux du jour de
leur agregation, après toutefois lesdits
professeurs.

x. Pour faire ladite fonction de
docteur agrégé dans ladite Faculté
de droit civil et canon de l'Université
de Montpelier, Sa Majesté a nommé
les sieurs Cavallier, Cabassut, Causse,
Pollier, Sicre, Pierre Verduron, Jean
Verduron et Tondut, pour cette premiere fois et sans tirer à consequence,
lesquels prendront rang entr'eux du
jour de leur agregation.

xi. En cas de vaccance d'une des
places desdits docteurs agregez, il en
sera élu un autre par bulletins et
voix secretes par ladite Faculté, à la
charge que l'élu aura trente ans accomplis, qu'il sera docteur en droit
en l'une des Facültez du royaume, et
qu'il aura au moins les suffrages des
deux tiers des électeurs.

xii. Veut aussi Sa Majesté que, si
aucun desdits agregez vient à negliger
tellément les fonctions de la Faculté
qu'il passe six mois consecutifs sans
y assister, n'ayant aucune raison legitime ou de maladie ou d'absence, il
en soit à sa place choisi un autre, en

la maniere qu'il a esté dit en l'article
precedent.

xiii. Il sera élu tous les ans dans
l'assemblée de ladite Faculté un syndic pour requerir et promouvoir l'execution des reglements, et veiller à la
conservation de la police et discipline
des ecoles et assemblées; lequel syndic sera pris alternativement du nombre des agregez et de celuy des autres
docteurs.

xiv. Les assemblées ordinaires de
la Faculté se tiendront le premier
jeudi de chaque mois, sauf à en tenir
d'extraordinaires dans les occasions
qui se pourront presenter : et sera
tenu registre de toutes les delibera-
tions qui y seront prises, lesquelles
seront signées de tous ceux qui y auront assisté.

xv. Les professeurs de la Faculté
de droit de l'Université de Montpelier
commenceront, tous les ans, leurs
leçons en droit canonique et civil le
lendemain de la S. Luc precisement,
et les finiront à la Nostre Dame du
mois d'août.

xvi. Ils entreront tous les jours, à
la reserve des festes commandées par
l'Eglise et des jeudis : ils dicteront et
expliqueront une heure entiere, et ensuite ils exerceront leurs ecoliers par
repetitions et disputes, et en leur faisant mettre les especes de loix et des
canons avec les raisons de douter et
de decider, au moins pendant une
demi heure.

xvii. Il y aura tous les jours trois
leçons pour le droit civil, sçavoir deux
le matin, la première depuis huit
heures jusques à neuf et demie; et la
seconde depuis neuf heures et demie
jusques à onze; et une l'après dinée,

depuis une heure jusques à deux et demie avant le premier mars, et depuis deux heures jusques à trois et demie après le premier mars : et à l'égard du droit canon, il y en aura seulement une, qui se fera l'après dinée, immediatement apres celle du droit civil, et qui se continuera pendant une heure et demie.

XVIII. L'un des professeurs enseignera chaque année, pendant trois ans de suite, les quatre livres des Instituts de Justinien, et expliquera la premiere partie du Digeste.

XIX. Deux autres professeurs expliqueront, pendant trois ans, les autres parties du Digeste, suivant la methode prescrite par Justinien dans sa Constitution adressée aux professeurs : ils s'attacheront aux matieres et loix, principalement à la lecture du texte, dont ils donneront seulement une explication litterale, sans s'arrester à dicter de gros commentaires, et marqueront avec soin les progrès et le changement du droit sur chaque matiere, en rapportant aux textes qu'ils traiteront ce qui regardera les mêmes matieres dans le Code et dans les Nouvelles.

XX. Le professeur destiné pour le droit canon enseignera pendant deux ans les Decretales de Gregoire IX, rapportant sur chaque titre ce qui regardera les mêmes matieres dans le Decret de Gratien, et autres collections, même dans le Concordat.

XXI. On reglera, dans l'assemblée du premier jeudi du mois de juillet, les matieres, la distribution et departement des leçons pour l'année suivante, en conservant aux anciens le droit de choisir les matieres et les heures, suivant l'ancien usage.

XXII. Ordonne Sa Majesté qu'en cas de vaccance d'une chaire par maladie, absence ou autre legitime empeschement, le professeur malade ou absent sera tenu de substituer en sa place un desdits agregez; et en cas de vaccance par mort, le corps de la Faculté nommera, à la pluralité des voix, un desdits agregez, auquel les appointements seront payez à proportion.

XXIII. Les ecoliers qui estudieront en rhetorique ou en philosophie actuellement ne pourront prendre les leçons de droit, ni en obtenir les attestations.

XXIV. Veut Sa Majesté que nul ecolier ne puisse prendre de degrez en une Faculté, qu'il n'y ait estudié au moins une année continüe; et quand un ecolier aura esté refusé ou remis à estudier, qu'il ne puisse obtenir ses degrez en une autre Faculté que celle où il aura esté refusé, ou remis à estudier, à peine de nullité.

XXV. Il sera tenu, tous les jeudis de chacune semaine, depuis le premier juin jusques à la Nostre Dame d'Aoust, une assemblée de ceux qui composent le corps de ladite Faculté, pour recevoir les supliques des pretendans aux degrez de baccalaureat et de licence, et leur donner des examinateurs.

XXVI. Les ecoliers ne pourront suplier pour le degré de bachelier qu'après le premier de juin de leur seconde année d'estude; et alors ils pourront, en raportant leurs attestations d'estude, demander des examinateurs, un president, et la matiere de leurs theses, qu'ils soûtiendront dans un mois à compter du jour qu'elle leur aura esté donnée : sinon, et à faute de ce, seront obligez, après ledit mois expiré, de prendre une nouvelle matiere, sans qu'ils puissent soûtenir aucune desdites theses à l'effect d'obtenir des degrez pendant les vaccations.

xxvii. La même chose sera pratiquée pour la these de licence dans la troisieme année, à l'exception seulement que, suivant l'ancien usage, les aspirants prendront dans l'assemblée à laquelle ils presenteront leurs supliques la matiere de droit canon de leurs theses du vice-chancelier, et celle de droit civil du prieur, pour soûtenir, huit jours après, des theses sur lesdites matieres publiquement.

xxviii. Les examinateurs pour le baccalaureat et la licence seront choisis, sçavoir deux professeurs en droit civil et canonique, par tour, et deux agregez, qui seront tirez au sort du nombre des presens à ladite assemblée : lesquels professeurs et agregez ainsi nommez s'assembleront dans la semaine, au jour et heure que le plus ancien professeur marquera, pour proceder audit examen, après lequel ils donneront leurs suffrages secretement, dans une boête, par un billet, mereau, ou autre marque, en sorte qu'on ne puisse connoistre de quel advis aura esté chacun desdits professeurs et agregez : et ne pourra celui qui aura esté examiné estre receu à soûtenir, qu'il n'ait au moins la voix de trois desdits examinateurs.

xxix. Les professeurs et les docteurs agregez presideront alternativement, et par tour entr'eux, aux theses de baccalaureat, en observant entre lesdits agregez l'ordre de leur agregation; et quant aux theses de licence et de doctorat, les seuls professeurs auront droit de presider; et les jours pour soûtenir lesdites theses, en seront reglez par l'ancienneté desdits professeurs et agregez.

xxx. Les presidents aux actes seront saluez après le chancelier, ou vice-chancelier, le recteur et le prieur, et avant les professeurs, agregez et autres docteurs.

xxxi. Les bacheliers et licenciez seront obligez d'assister à tous actes au moins pendant quatre arguments; et six d'entr'eux, que les presidents nommeront par tour, suivant le rolle qui en sera tenu par le secretaire de la Faculté, seront tenus de disputer aux actes de baccalaureat et de licence, sans que les autres qui voudront disputer en soient exclus.

xxxii. Seront pareillement tenus tous ceux qui composent le corps de ladite Faculté d'assister aux actes de baccalaureat et de licence, pour juger de la capacité du répondant et donner leurs suffrages, ce qu'ils ne pourront neanmoins faire qu'ils n'ayent entendu au moins quatre arguments.

xxxiii. Deux desdits docteurs agregez, qui seront nommez par tour dans l'assemblée en laquelle la matiere des theses aura esté donnée, seront tenus d'argumenter à l'acte de baccalaureat; et quatre à celui de licence, après toutesfois lesdits bacheliers et licenciez.

xxxiv. Ceux qui voudront obtenir le degré de docteur seront tenus, un an après la licence, d'expliquer publiquement une matiere de droit civil et canonique, et de soûtenir une these sur l'un et l'autre droit, dont la matiere sera donnée par le vice-chancelier et le prieur, ainsi qu'à l'acte de licence.

xxxv. Pourront neanmoins les ecclesiastiques soûtenir seulement en droit canon les theses de baccalaureat, celles de licence et de doctorat; et ceux de la religion pretendûe reformée seulement en droit civil, sans qu'ils soient tenus prendre les leçons de droit canonique.

xxxvi. Le vice-chancelier, recteur, prieur, et tous les docteurs, tant agregez qu'autres, assisteront aux actes pour le doctorat, y auront seance, et argumenteront suivant l'ordre de reception.

xxxvii. Ceux qui auront droit de suffrage pour la reception des bacheliers et licenciez, les donneront en la même maniere que les examinateurs, dans une boëte qui sera placée à cet effet dans la salle de la dispute, et qui sera ouverte incessamment après la fin de l'acte dans une chambre separée, en presence du vicechancelier, recteur et prieur des docteurs, du president, des deux professeurs et de quatre docteurs agregez.

xxxviii. Aucun ne pourra estre receu au degré de bachelier et de licencié, qu'il n'ait au moins les deux tiers des voix, suivant qu'il se verifiera par l'ouverture de la boëte, après laquelle les resultats pour l'admission ou renvoy de ceux qui ont soûtenu les theses seront en même temps soigneusement inscrits sur le registre de la Faculté, et signez par les assistans nommez en l'article precedent.

xxxix. Ceux desdits docteurs agregez qui auront esté employez par les ecoliers, pour les preparer en particulier à leurs actes, ne pourront estre nommez pour les examiner, ni donner leurs voix à leur reception aux degrez, ni même argumenter contr'eux à leurs theses.

xl. Et voulant Sa Majesté, en execution de l'article quatorze de l'édit du mois d'avril 1679, regler tout ce qui concerne l'establissement et fonction du professeur du droit françois, a ordonné et ordonne que le professeur audit droit françois de la Faculté de Montpelier, qui sera étably par Sa Majesté, aura dans les assemblées de ladite Faculté rang et seance entre le doyen et le second professeur de ladite Faculté, sans qu'il puisse estre doyen, ni participer aux émolumens desdits professeurs; joüira des mêmes honneurs, prerogatives, privileges, habillemens, et autres avantages, pourra estre recteur à son tour, assister à toutes les assemblées de ladite Faculté, et y avoir voix deliberative.

xli. Ledit professeur commencera, tous les ans, ses leçons le lendemain de la Saint Martin, et les finira au dernier jour du mois d'aoust; il entrera les mêmes jours que les autres professeurs, dictera et expliquera en françois une heure et demie, et ensuite il exercera ses ecoliers par repetitions et questions pendant une demi heure.

xlii. Il expliquera pendant les six premiers mois les Ordonnances de Sa Majesté et des roys ses predecesseurs, en les disposant par matieres et les conciliant les unes avec les autres, ou faisant entendre les derogations aux premieres par les posterieures, et il employera le reste de l'année à expliquer l'usage des fiefs et autres generalitez du droit françois qui ont lieu dans le pays de droit écrit, raportant sur chaque matiere les principaux arrests qui sont intervenus, servants et prejugez.

XLIII. Tous ceux qui voudront estre receus au serment d'advocat seront tenus pendant l'une des trois années, et pour tenir lieu de l'une des deux leçons qui ont d'obligation, de prendre celle de droit françois, de s'inscrire quatre fois sur le registre du professeur, et d'en prendre à la fin de l'année les attestations; conformement à l'article quinze de l'Edit de 1679.

XLIV. Aucun ne pourra estre receu au serment d'advocat, s'il ne rapporte, outre ses lettres de degrez en droit civil et canon, les attestations d'une année d'estude au droit françois, et d'en avoir pris pendant icelle toutes les leçons.

XLV. Le professeur en droit françois, après vingt années de fonction en qualité de professeur, aura seance honoraire dans le siege presidial ou senechaussée de la ville de Montpelier, après le doyen des conseillers, et voix deliberative en toutes les affaires; et à cet effet luy en seront les lettres patentes expediées : se reservant neanmoins Sa Majesté d'abreger ledit temps de vingt années en faveur de ceux qui l'auront merité par leur application et capacité dans ladite fonction de professeur en droit françois.

XLVI. Ordonne Sa Majesté qu'en cas de vaccance de ladite chaire de droit françois, par mort ou autrement, le juge mage du presidial de Montpelier, conjointement avec les advocats et procureur du roy en iceluy, pourront proposer trois personnes qui ayent les qualitez et capacité necessaires, dont ils donneront avis à

Monsieur le chancelier, pour, sur le compte qu'il en rendra à Sa Majesté, estre par elle fait choix de celle des trois personnes qu'elle estimera à propos.

XLVII. Aucun ne pourra estre nommé pour professeur en droit françois qu'il ne soit advocat, et n'en ait fait fonction au moins pendant dix ans avec reputation, ou qu'il n'ait pendant le même temps exercé avec honneur une charge de judicature.

XLVIII. En cas de vaccance de la charge de professeur en droit françois, par maladie, absence ou autre legitime empêchement, il substituera à sa place un des docteurs agregez; et, en cas de vaccance par mort, la Faculté nommera, à la pluralité des voix, un desdits docteurs agregez, auquel les appointements seront payez à proportion, à la charge neanmoins qu'en l'un et l'autre cas le docteur agregé sera advocat.

XLIX. Les droits pour la reception de bachelier, licencié et docteur en ladite Faculté de droit civil et canon en l'Université de Montpelier, seront payez ainsi qu'il suit : sçavoir, pour les attestations de deux années d'estude; pour parvenir au degré de bachelier, trois livres ; pour l'examen de l'aspirant au degré de bachelier, à raison de trois livres pour chacun examinateur, douze livres ; pour l'acte et expedition des lettres de bachelier, quarante quatre livres ; pour l'attestation de l'année de licence, trois livres ; pour l'examen de l'aspirant à la licence, douze livres ; pour l'acte de licence, soixante-dix livres; la moitié desquelles sommes, montant à soixante-douze livres, estant égalée sur les douze inscriptions, pendant les trois années d'estude, il sera payé lors de chacune inscription six livres; et au moyen de ce, il sera deduit moitié des sommes cy-dessus, en prenant lesdits degrez; pour l'acte et lettres de doctorat, quatre-vingt-seize livres; outre lesquels droits sera payé aux docteurs agregez : sçavoir, aux deux qui examineront pour le degré de bachelier, six livres, à raison de trois livres pour chacun ; à quatre docteurs agregez, sçavoir aux deux qui auront argumenté à l'acte de bachelier, et à deux autres qui seront tirez au sort entre ceux qui auront esté présens audit acte de bachelier, et entendu au moins quatre arguments, à raison de trois livres à chacun, douze livres ; aux deux docteurs agregez qui examineront pour la licence, six livres, à raison de trois livres chacun; à six docteurs agregez, sçavoir aux quatre qui auront argumenté à l'acte de licence, et à deux autres qui seront tirés au sort entre ceux qui auront esté presents audit acte de licence, et entendu au moins quatre arguments, dix-huit livres, à raison de trois livres chacun; à celuy des agregez qui presidera auxdits actes de baccalaureat, à son tour, six livres : ce qui sera payé auxdits agregez, sans autres droits ni participation aux émolumens appartenants auxdits professeurs. Et à l'égard des droits pour ledit professeur en droit françois, seront reglez et payez, sçavoir pour les attestations d'une année d'étude en droit françois, cinq livres.

(Archives de l'Université de droit de Montpellier).

www.ingramcontent.com/pod-product-compliance
Lightning Source LLC
Chambersburg PA
CBHW060817250626
47162CB00005B/1838